Por qué Recursos Humanos debería ser como Netflix

PILAR LLÁCER

Por qué Recursos Humanos debería ser como Netflix

Manual de futuro para Recursos Humanos

ALMUZARA

Editorial Almuzara • Colección Pensamiento para la empresa
Director editorial: Antonio Cuesta
Director de la colección: Jacobo Feijóo
Edición de Rosa García Perea

www.editorialalmuzaracom
pedidos@almuzaralibros.com - info@almuzaralibros.com

Imprime: Coria Artes Gráficas
ISBN: 978-84-18757-65-5
Depósito Legal: CO-762-2021

Hecho e impreso en España - *Made and printed in Spain*

Dedicado a los que trabajan con personas, es decir, a todos. Pero si en especial este libro genera muchas críticas en Recursos Humanos, es que habrá logrado su objetivo: estimular el Pensamiento Crítico y hacer dudar de afirmaciones que se tenían por ciertas. En definitiva, habrá logrado el *Efecto Espabilar*, que significa avivar y ejercitar el entendimiento, perder la timidez, salir del sueño, sacudirse la pereza y, por último, apresurarse o darse prisa en la realización de algo.

Índice

No hay introducción,
Recursos Humanos debería ser como Netflix 19

SECCIÓN PRIMERA:
CINCO CERTEZAS PARA CUESTIONAR LA
NECESIDAD DE RECURSOS HUMANOS

1. El trabajo, ni se crea ni se destruye,
   solo se transforma: 41
2. La ética disuelve las Fake News 55
3. El humanismo es digital 65
4. Las competencias del futuro
   no se parecen a la Capacidad Analítica 73
5. El Efecto Espabilar: Si no evolucionas,
   te extingues... y lo sabes 81

SECCIÓN SEGUNDA:
GUÍA PARA CONVERTIR A RECURSOS HUMANOS EN NETFLIX,
APLICANDO LAS OCHO PROPIEDADES DEL LIDERAZGO ÉTICO

6. ¿Cómo se realiza el cambio de la misión y visión de
   Recursos Humanos? 91
7. Las ocho propiedades del Liderazgo Ético 95
   Anticipación e Innovación Radical 103
   Comunicación y Transparencia Radical 115
   Confianza en los empleados 127
   Ejemplaridad 137

Pensamiento Crítico: 145

Personalización 155

Sostenibilidad 163

Tecnología 171

8. Nuevas certezas de Recursos Humanos
   para el Futuro del Trabajo 179

No hay conclusiones, nada permanece,
todo cambia, y además ahora,
lo hace muy deprisa 187

Vivimos, queramos o no, en la era de la economía de la atención. Constantemente nos rodean reclamos de sirena que nos exigen devorar contenidos a modo de titulares, resúmenes, píldoras rápidas de inmediata digestión. Esa infoxicación nos obliga a estar inmersos en la «era micro»: microformaciones, micropost, microideas, microseries. Hay mucho conocimiento, pero poco tiempo para abarcarlo todo.

Por otro lado, nuestros lectores suelen encontrar con facilidad libros técnicos que explican el cómo, pero rara vez aparecen libros que nos digan el qué, el para qué o el hacia dónde. Es decir, nos enseñan a ejecutar, pero no nos enseñan a cuestionar aquello que ejecutamos.

Partiendo de estas ideas, nace la colección *Pensamiento para la empresa*, de la editorial Almuzara, un compendio de microensayos escritos por referentes en cada uno de los temas y que nos ayudarán, de una manera rápida, a cuestionarnos muchas de las cosas que hacemos tanto en nuestras empresas como en nuestras vidas personales.

Nosotros aportamos la visión, pero debes ser tú el que aporte la ejecución.

Jacobo Feijóo, Madrid, 20 de julio de 2021.

El título de este libro comienza con una anécdota que me ocurrió hablando con el director general de una empresa multinacional del sector del gran consumo. Reflexionando sobre cómo focalizar el negocio para hacerlo más sostenible, yo le dije que, si querían realizar la transformación, tenían que ser como Netflix y ser capaces de cambiar las propiedades del liderazgo en todos los empleados con el impulso de Recursos Humanos. Animada por esta idea le hice un símil:

—Ser el Netflix de tu sector significa saber anticiparse a los hábitos de consumo, independientemente de los gustos y de la ubicación geográfica, y dar acceso a la mejor alimentación. Los clientes podrán decidir lo que quieren consumir y cuándo quieren hacerlo, sin restricciones y de forma sencilla. Con todos los empleados alineados en una estrategia común, y con las propiedades del *Liderazgo Ético*, se podrá conseguir una nueva experiencia de alimentación...

Se me quedó observando, con esas miradas que ya sabes lo que te van a decir antes de empezar a hablar:

—Nosotros no podemos ser como Netflix. Nuestro sector es muy diferente. Somos demasiado grandes, tenemos mucha historia, y nuestro negocio es muy distinto. Hay que centrarse en hacer, cada día mejor, lo que sabemos hacer. Conservar nuestra esencia, *propósito* y legado. Excelencia y productividad son siempre rentables.

En mi afán de querer transmitirle que estaba equivocado, le pregunté su opinión sobre Amazon, que empezaba a instalar sus primeros centros de distribución en Europa, y además evitaba que el cliente tuviese que pasar por caja para pagar. Un nuevo competidor que no viene de tu mismo sector. Le dije:

—Sí, otro más. Se avecina una nueva guerra de precios.

En esos momentos, me podía imaginar la misma cara que se le debió quedar al ejecutivo de Blockbuster en 1999, cuando Marc Randolf tuvo una reunión para proponerle que comprasen su empresa Netflix por cincuenta millones de dólares para acelerar su entrada en el mercado de los DVD.

Esa mirada me planteó la necesidad de escribir un manual de futuro para el presente de Recursos Humanos, con preguntas que les invitaran a pensar y cuestionarse sobre su *propósito* dentro de las empresas, en un mundo completamente diferente para el que fueron concebidos.

Y esas dos respuestas fueron uno de los desencadenantes por los que comencé a escribir.

Este libro propone una reflexión para Recursos Humanos sobre la necesidad de focalizarse en el negocio, para hacerlo crecer de manera exponencial y sostenible y, de esta forma, colocar a los empleados en el centro, aplicando las propiedades del Liderazgo Ético. Se divide en dos partes:

SECCIÓN PRIMERA. Se analizan cinco certezas que nos harán cuestionarnos la necesidad de Recursos Humanos, tal y como están planteados hasta ahora. Cómo impactan los cambios del mercado de trabajo, la evolución de las competencias, y la necesidad de incorporar la ética para tener una visión más humana de la tecnología. Porque, como veremos, el humanismo es siempre digital. Y, por último, hablaremos del *Efecto Espabilar*, necesario para comenzar a actuar inmediatamente.

SECCIÓN SEGUNDA. Es una guía para convertir a Recursos Humanos en Netflix, aplicando las ocho propiedades del Liderazgo Ético: Anticipación e Innovación Radical, Comunicación y Transparencia Radical, Confianza, Ejemplaridad, Pensamiento Crítico, Personalización, Sostenibilidad y Tecnología. Para realizar este cambio, se presenta el método *Sensei*, basado en el Pensamiento Crítico. Tras este análisis, se descubrirán nuevas certezas para Recursos Humanos, que surgen por los procesos de automatización y cambio climático.

Y, por último, este manual de futuro para el presente no tiene final, solo un punto de partida para pararse a pensar y luego actuar.

En cada capítulo te llevarás, para que puedas aplicar desde mañana mismo y sin excusas, algunas preguntas para pensar, unas ideas *takeaway* para implementar de manera simple y rápida, y te propondré algunos dilemas éticos para provocar la reflexión.

A lo largo de todo el libro también mostraré las principales *Fake News* de Recursos Humanos que se nos presentan como verdaderas. Es una de las formas de ubicarse de lleno en el mundo de la ética, y que nos hace cuestionarnos si las bases de nuestras decisiones son siempre ciertas, justas, o las mejores para todos los agentes de interés: empleados, clientes, proveedores, accionistas y sociedad. Para eso sirve en definitiva la ética, para hacernos preguntas, reflexionar y provocar un comportamiento sostenible y beneficioso para el mayor número de personas.

¿A QUÍEN VA DIRIGIDO?

A todos los empresarios.

A todos los empleados.

A todas las personas que piensan que *eso del liderazgo* es para los JEFES. Pues no, se aplica a todos los empleados.

Y con especial cariño, a todos los que trabajan en Recursos Humanos.

Comencemos...

—NO HAY INTRODUCCIÓN—
RECURSOS HUMANOS DEBERÍA
SER COMO NETFLIX

Se puede encontrar un *matching* perfecto en Tinder en menos de una hora, y, sin embargo, los procesos de selección siguen siendo demasiado lentos. Por no hablar de lo que tardan algunos JEFES o Recursos Humanos en responder, a pesar de tener WhatsApp o cualquier aplicación de mensajería instantánea. Reservar un hotel en Japón, el viaje en avión, y todas las excursiones que se van a realizar, lleva alrededor de sesenta minutos y, sin embargo, si se tiene que hacer a través de la empresa, ¿cuánto tiempo tardan?, ¿van a sacar los mejores billetes o los más baratos y con más escalas? ¿Por qué no se confía en el empleado para que se gestione sus viajes?

Si nos paramos a pensar por qué ir a trabajar o teletrabajar nos parece en muchas ocasiones aburrido, probablemente Recursos Humanos y los JEFES, tengan parte de culpa. La distancia entre lo que parece *bueno, justo y verdadero* a un empleado y a la empresa, no suele coincidir. ¿Es bueno tener un registro de control horario? ¿Es verdad que muchos días se podría salir antes del trabajo, o incluso no trabajar? ¿Para quién es justa la política de vacaciones? ¿Por qué todos los empleados se tienen que pedir las vacaciones preferiblemente en el mes de agosto?

Los empleados en el siglo XXI son audiencias, y ahora se tienen los datos para estimar cuál es su grado de compromiso, de lealtad, la probabilidad de que abandonen la empresa, lo que les gusta y lo que no les gusta, y no solo el tiempo que dedican a la formación. Solo hay que saber medirlo. Y aquí está uno de los principales errores que se comete desde Recursos Humanos: que aun teniendo la absoluta certeza de que el perfil de los empleados ha cambiado, y gran parte de ello es debido a los avances tecnológicos, sigue basando un porcentaje de su misión en el diseño de políticas y procedimientos para el control y en la administración de estos *recursos*, en lugar de conocer realmente sus intereses, sus comportamientos, sus sueños y desvelos, no solo a nivel individual, sino en su interacción social.

Se ha tocado fondo en la gestión de personas, empleados, talento o como se quiera llamar. Le cambian tanto de nombre que muchas veces es complicado saber si de lo que se habla, al final, es de personas. Recursos Humanos se distanció del negocio para centrarse en los empleados sin darse cuenta de que las empresas son la suma de las personas que la integran, y que el negocio es la brújula que las guiará. Centrarse en el negocio es centrarse en los empleados. Se ha convertido en Blockbuster, cansado y sin saber cómo anticiparse a las nuevas formas de consumo digital, sin personalizar, sin emocionar, sin saber cómo impactar en el negocio. Ahora más que nunca, necesita pararse a pensar y dudar de las afirmaciones que hasta ahora habían aparecido como ciertas. Aunque parezca contradictorio en un mundo que avanza a la velocidad de la luz es necesario detenerse para dejar de equivocarse de rumbo.

La duda metódica es un procedimiento para llegar a una base de conocimientos sólidos, desde los cuales partir y así poder fundamentar nuevas hipótesis. René Descartes lo popularizó en el siglo XVII, y se le considera el modelo del Pensamiento Crítico. No es posible empezar a diseñar un plan de acción sin cuestionarse y sin hacerse preguntas fundamentales tales como: ¿para qué necesitamos medir el *compromiso*? ¿Qué significa compromiso? ¿El negocio necesita compromiso o resultados? La idea de compromiso, ¿es la misma para todos los empleados? ¿El empleado comprometido es el que se calla cuando sabe que el JEFE se equivoca, pero también sabe que el JEFE acepta mal las críticas? Los años de permanencia en una empresa, en un mismo puesto, en un mismo departamento, ¿son señal de compromiso o de EMPLEADO MEDIOCRE que no ha evolucionado? ¿La rotación de puesto y funciones, debería ser obligatoria?

El procedimiento habitual de Recursos Humanos consiste en empezar a diseñar políticas y procedimientos, métricas, cuadros de mando, y sacar extensos reportes, y cuando ya se tienen los planes de acción diseñados… hay que revisar si se cumplen y empezar de nuevo a volver a medir. Este es otro de los errores comunes de Recursos Humanos y de otros tantos departamentos: diseñar políticas y procedimientos para medir su cumplimento, sin pararse a pensar en el *propósito*. Más allá de estos marcos normativos, ¿se conoce qué *mueve* a los empleados en su día a día? ¿Conoce sus sueños, lo que les aburre, les produce tedio o les saca su mejor sonrisa? En la mayoría de las ocasiones, solamente se manejan resultados de encuestas que casi nunca revelan la verdad.

Los empleados ahora son audiencias. Sus gustos, demandas, anhelos, proyectos, intereses y compromisos son muy distintos a la época de la primera Revolución Industrial. Incluso los perfiles de los trabajadores de las fábricas en cadenas de montaje son muy diferentes —de hecho, radicalmente—, pues muchos de ellos ya no son humanos sino robots, máquinas, y estas no se quejan, no se cansan, no necesitan pausa para el café, ni vacaciones, ni horarios... lo que me lleva a hacerme otra pregunta, ¿está Recursos Humanos preparado para gestionar robots o se automotivan solos y se diseñan sus propios planes de formación? Competencias clásicas como la *productividad*, la *excelencia* y la *capacidad analítica* están más desarrolladas en un algoritmo básico que en un ser humano. Por otro lado, el concepto de *confianza* también ha cambiado drásticamente, ¿de quién te fías más, de tu JEFE o de Google?

El empleado está cambiando y empieza a demandar a las empresas que sean coherentes. No es suficiente comunicar una misión, visión, unos valores, una cultura o un determinado estilo de liderazgo, sino que es necesario demostrar ese comportamiento más allá de decirlo. *Ser,* y no solo *parecer,* sostenibles, éticos y tener propósito, comienza a ser rentable para el negocio y para los accionistas. Sin embargo, Recursos Humanos está haciendo ir a los empleados al *videoclub* y, además, los *penaliza.* No quiere dejar de ser Blockbuster... o no le dejan, o está demasiado cansado para hacer un cambio. Blockbuster no fue capaz de hacer la transición del alquiler de DVD al *streaming.* En el caso de Recursos Humanos hay que reflexionar sobre cómo quieren ofrecer sus servicios, ¿en cintas de video, DVD o *streaming*?

La verdadera cuestión es, ¿se conocen los retos del negocio, sus verdaderos problemas, y cómo van a impactar los procesos de automatización y cambio climático en los empleados? Recursos Humanos se ha quedado anclado en el diseño de políticas y procedimientos, en la elaboración de métricas y relaciones ancestrales con sindicatos, inmersos en un mercado laboral en constante cambio y evolución. En un intento de parecer modernas y tecnológicas, algunas empresas se han sumado sin tregua a las innovaciones digitales que llegaban con nombres en inglés y sonaban más sofisticadas: *Agile, Escape Room, Employee Centricity, Design Thinking, HR Analytics, Big Data, Apps, Digital Employer Branding, Gamification, Smart Working.* La constante incorporación de aplicaciones, sin cuestionarse para qué se necesitan, es uno de los aspectos que más le ha perjudicado. La verdadera innovación y disrupción de Recursos Humanos no se produce, porque antes de seguir incluyendo tecnología hay que pararse y pensar cuál debería ser su misión y visión. Porque innovación no significa cambio constante, sino pararse a pensar *dónde* se quiere ir, *cómo* se quiere llegar y *para qué* queremos hacerlo. En definitiva, el propósito de la acción, el horizonte de la ética. Y este libro es un manual de futuro para el presente, que le permitirá llevar a cabo esa transformación.

Recursos Humanos tendría que haberse focalizado en el negocio, porque una de las certezas que podrás descubrir tras la lectura de este libro es que centrarse en el negocio significa poner en el centro a las personas *de verdad*. Se tendría que haber adaptado el contenido a cada consumidor, a cada empleado. Deberían haberlo hecho hace tiempo, pues tenían los datos, la tecnología, todas las metodologías a su disposición, pero se han quedado anclados en el *formato DVD*. Este modelo significa, para Recursos Humanos, el diseño de políticas y procedimientos, administración de personal, nóminas, catálogos de formación, diccionarios de competencias y, en definitiva, *lo que siempre se ha hecho así*, a la manera del pasado, incorporando alguna innovación tecnológica que no ha cambiado la esencia de su misión.

Y si el perfil de los empleados es diferente, lo que se ha transformado de forma radical es el tipo de empresas que triunfan. Las cuatro de ellas con mayor crecimiento mundial no existían hace cuarenta años: Google, Amazon, Facebook y Apple. Mostramos algunos ejemplos de cómo ese tipo de modelos de negocios están desbancando a los tradicionales:

— Tesla, el innovador fabricante de coches eléctricos fundado en 2010, alcanzó un valor de mercado superior al de Toyota y Volkswagen juntos.

— Zoom, la empresa de videoconferencias, tiene un valor de mercado cuatro veces mayor que el de Delta Airlines.

— Comprar toda la industria aérea estadounidense sería menos costoso que adquirir Amazon.

— En el verano de 2008, Airbnb nació para dar alojamiento a aquellos que se conformaban con una cama de aire y un desayuno, y ha logrado, en tan solo diez años, replantear toda la industria del Turismo.

— Y, por último, una acción de Netflix vale un 25% más que la de ExxonMobil, la empresa de energía más grande del mundo.

Estas noticias nos deben hacer reflexionar acerca de si los empleados necesitarán las mismas competencias para este tipo de modelos de negocio de crecimiento exponencial. Porque no se va a necesitar a Recursos Humanos solo para el presente, sino, sobre todo, para el Futuro del Trabajo. No tiene sentido que exista solo para seleccionar personal o hacer nóminas, pues eso lo hace ya, y de forma más eficaz, y en menor tiempo, un algoritmo. Recursos Humanos tiene que ser clave para pensar dónde va a estar el negocio, y en base a eso, atraer, formar, desarrollar y desvincular a los empleados. Esta debería de ser la principal misión de Recursos Humanos, pero nada puede transformarse en una empresa sin cambiar las propiedades del liderazgo. Y estas deben extenderse a todos y cada uno de los empleados. ¿Por qué estas competencias se aplican solamente a los JEFES o a los potenciales mandos? Un teleoperador ¿no debe tener las propiedades de liderazgo en la misma *dosis* que un director para hacer crecer el negocio de manera exponencial y sostenible?

Este libro propone una evolución del liderazgo hacia un modelo ético que consta de ocho propiedades: Anticipación e Innovación Radical, Comunicación y Transparencia Radical, Confianza, Ejemplaridad, Pensamiento Crítico, Personalización, Sostenibilidad y Tecnología. Si las aplicamos a Recursos Humanos, ser como Netflix significa:

1. **Anticipación e Innovación Radical,** para saber dónde y cómo va a ser el Futuro del Trabajo, dónde va a estar el negocio y la demanda de empleos. Para innovar se requiere pensamiento lateral, ser flexibles, arriesgar, tener intuición y analizar de forma exhaustiva los errores.

2. **Comunicación y Transparencia Radical.** Significa compartir con los empleados toda la información para la toma de decisiones. Es fundamental para que avancen en la misma dirección. Esta propiedad incluye la capacidad de tener impacto, influencia y credibilidad. Lo que otorgará a Recursos Humanos *autoridad* frente al *poder* de las políticas y procedimientos.

3. **Confianza.** Implica la esfera de la libertad frente a la actitud paternalista de control. Tratar a los

empleados como adultos y no como a niños. Es la verdadera palanca para conseguir el *compromiso*.

4. **Ejemplaridad** en el comportamiento, y radical en el no cumplimiento de las propiedades de liderazgo. Esto se llama *ser coherente*. El Ejemplo provoca la mejor fuente de inspiración a los empleados. Esta propiedad lleva asociada la Prudencia.

5. **Pensamiento Crítico.** Cuestionar de forma crítica el *por qué* y el *para qué* de lo que se presenta como *cierto*. No tener miedo a equivocarse, atreverse a romper las reglas y la rutina del *esto siempre se ha hecho así y funciona*. La capacidad de argumentación, junto con la visión que le proporciona esta metodología de trabajo, dan un giro a Recursos Humanos.

6. **Personalización.** Es la clave para saber emocionar a cada empleado de forma distinta en su interacción social dentro de la empresa. Las políticas y procedimientos son todo lo contrario a esta propiedad. Incluye la diversidad y la justicia como características para un comportamiento ético.

7. **Sostenibilidad.** Cualquier acción o medida que se implante debe tener en cuenta el corto, medio y largo plazo, y estar vinculada al cumplimiento de la *Agenda 2030* y los *Objetivos de Desarrollo Sostenible*. Sostenibilidad no solo significa acciones de voluntariado, reciclar o poner alimentación saludable en la cantina, también incluye la humildad, la capacidad de aprendizaje constante y la no improvisación.

8. Tecnología, y esta última, sin excusas. Que permita la automatización de los procesos menos creativos y de menor impacto, y predecir el comportamiento de los empleados, sus hábitos de consumo, para poder así anticiparse. La tecnología como un medio y no como un fin, como la palanca del cambio y no como el cambio en sí mismo. En definitiva, tener *Actitud Digital*, que significa adaptación constante aplicando todas las propiedades del *Liderazgo Ético*.

Para ir terminando esta larga introducción, Recursos Humanos debería dejar ya el formato DVD y pasar al *streaming* a fin de ser capaz de convertirse en el departamento más innovador y con mejores algoritmos de predicción. Ser un canal de entretenimiento en lugar de un espacio de normas, políticas y procedimientos. Lanzar *series* de impacto en lugar de encuestas repetitivas. ¿Por qué es necesario repetir una y otra vez las encuestas de *clima laboral*? ¿De verdad no se sabe qué es lo que falla? Si salen siempre los mismos puntos de mejora, ¿por qué no se cambian de una vez por todas? Una de las razones es porque casi nunca se tocan las propiedades del liderazgo, llámese cultura empresarial, estilo de liderazgo, mentalidad o valores...

¿Y por qué ser como Netflix? Porque se anticipa, personaliza e innova de forma constante y radical. Es un servicio que va más allá del entretenimiento. Ha creado una experiencia única: mantenerte atento, capturarte la atención, hacerte estar pendiente. Recursos Humanos debería ser como Netflix y saber lo que necesita cada empleado en cada momento, no por paternalismo, sino para hacer crecer el negocio de forma exponencial y sostenible. Proponer variedad y *entretenimiento* de forma constante. En definitiva, ser capaz de enamorar a los empleados de manera innovadora, personalizada y sostenible.

SECCIÓN PRIMERA

CINCO CERTEZAS PARA CUESTIONAR LA NECESIDAD DE RECURSOS HUMANOS

Esta sección cuestiona la necesidad de los Recursos Humanos a través de cinco grandes certezas. Una vez que acabemos de reflexionar podremos responder a esta pregunta: ¿son necesarios los departamentos de Recursos Humanos tal y como los conocemos hasta ahora?

1. El trabajo, ni se crea ni se destruye, solo se transforma

2. La ética disuelve las *Fake News*

3. El humanismo es digital

4. Las competencias del futuro no se parecen a la Capacidad Analítica

5. El *Efecto Espabilar*: si no evolucionas, te extingues... y lo sabes

¿Son necesarios los Recursos Humanos? Antes de responder a esta pregunta tenemos que pararnos a pensar por qué surgen y para qué sirven en la mayoría de las empresas. Lejos de realizar un análisis exhaustivo, podemos resumir que comienzan a mediados del siglo XIX con la aparición de los procesos de industrialización ligados a la primera Revolución Industrial. La mecanización y la producción en cadena modificaron la forma de trabajar de los empleados en las fábricas. El economista John R. Commons fue el primero en utilizar el término «Recursos Humanos» en su libro *Distribución de la riqueza*, publicado en 1894.

Pero antes de continuar vamos a definir algunos conceptos fundamentales que utilizaremos a lo largo de todo el libro.

CRECIMIENTO EXPONENCIAL. Se refiere a aquel que se produce en una cantidad y a un ritmo que aumenta proporcionalmente al valor de esta. Este modelo de crecimiento va muy ligado a la conocida como «Ley de Moore», que afirma que el número de transistores en los microprocesadores se duplicaría año tras año, aumentando también su velocidad. El crecimiento exponencial produce una curva en forma de «J». A diferencia de los modelos de negocio tradicionales, este incremento, ligado a la facturación, a las ventas o al número de clientes o usuarios, es lo que favorece una rápida expansión.

EMPLEABILIDAD SOSTENIBLE. Es el conjunto de funciones y competencias que hacen a un empleado *atractivo* para el mercado de trabajo, no solo en un momento puntual, sino a lo largo de su carrera profesional. Asociado a este concepto va la *capacidad de aprendizaje* constante que permite renovar y añadir conocimientos en función de la demanda laboral.

LIDERAZGO ÉTICO. Es la fuerza que motiva todas y cada una de las acciones y comportamientos de los empleados. Tiene que ser coherente con todos los agentes de interés: clientes, proveedores, accionistas y sociedad, y sucede siempre en el horizonte de la ética, es decir, entre lo bueno, lo malo, lo justo, lo injusto, lo verdadero y lo falso. Este enfoque está basado en el comportamiento social del empleado y no solamente en el ámbito individual. Consta de ocho propiedades: Anticipación e Innovación Radical, Comunicación y Transparencia Radical, Confianza, Ejemplaridad, Pensamiento Crítico, Personalización, Sostenibilidad y Tecnología.

ODS Y AGENDA 2030. En septiembre de 2015 se reunieron en Nueva York los 193 países que conforman Naciones Unidas, en la Cumbre sobre el Desarrollo Sostenible, para aprobar la Agenda 2030. Este nuevo programa abarca un conjunto de diecisiete Objetivos de Desarrollo Sostenible (ODS) y ciento sesenta y nueve metas, que servirán de marco general para orientar las actividades de desarrollo a escala nacional y mundial durante los próximos años. La Agenda 2030 proporciona una visión transformadora para un desarrollo sostenible, centrado en las personas y en el planeta, basado en los derechos humanos y consciente de las diferencias de género. Recursos Humanos debería integrarla en la misión y visión para tener un verdadero impacto en el negocio y en todos los agentes de interés, y garantizar una *Empleabilidad Sostenible* para todos los empleados.

CAMBIO CLIMÁTICO. Es la modificación del clima que ha tenido lugar respecto a su historial a escala regional y global. En general se trata de cambios de orden natural, pero actualmente se encuentran asociados con el impacto humano sobre el planeta. Se trata de un fenómeno complejo con numerosas variables.

SOSTENIBILIDAD. Se refiere a la satisfacción de las necesidades actuales sin comprometer la capacidad de las generaciones futuras para satisfacer las suyas, garantizando el equilibrio entre crecimiento económico, cuidado del medio ambiente y bienestar social. Sostenibilidad Ambiental es aquella que pone el acento en preservar la biodiversidad sin tener que renunciar al progreso económico y social; la Sostenibilidad Económica se encarga de que las actividades que buscan la sostenibilidad ambiental y social sean rentables, y, por último, la Sostenibilidad Social, que tiene como objetivo la cohesión de la población y su estabilidad.

EMPLEADO MEDIOCRE. Es una tipología de empleados de calidad media que tienen las siguientes características: dificultad para adaptarse a los cambios constantes, centrados solo en la productividad, sin innovación y creatividad, y que nunca se saltan las reglas. Con una clara desmotivación por un aprendizaje continuo, sin impacto e influencia en el ecosistema digital. ¿Te atreves a contar cuantas personas conoces de estas características?

SUPERTALENTO. Es una tipología de empleados de calidad superior que tienen las propiedades del *Liderazgo Ético*. Son capaces de anticiparse, incorporando la innovación como parte de las funciones de su día a día, comunican de forma transparente y con impacto en beneficio del negocio, generando entornos de confianza. Son coherentes y su comportamiento sirve de ejemplo para que otros empleados puedan convertirlo en hábitos de actuación. Tienen Pensamiento Crítico, se paran a pensar antes de ejecutar, lo que les permiten tener visión y no *desgastarse* trabajando en la dirección equivocada. Y, por último, poseen *Actitud Digital*.

PENSAMIENTO CRÍTICO. Es el proceso de dudar de las afirmaciones que en la vida cotidiana suelen aceptarse como verdaderas. Ejemplo: las mujeres son más sensibles que los hombres. ¿Qué fundamento científico tiene esta afirmación?, ¿es válida para todas las mujeres?, ¿qué significa «ser sensibles»?

DILEMA ÉTICO. Se entiende por *dilema ético* a toda aquella situación en la que se da un conflicto entre los diferentes valores de la persona y las posibles opciones de actuación disponibles. Se trata de situaciones en las que se va a generar una pugna entre varios valores y creencias, no existiendo una solución totalmente buena o mala, teniendo ambas repercusiones positivas y negativas a la vez. Ejemplo: ¿a quién mataría, como mal menor, un coche autónomo? Un experimento con dos millones de personas plantea cómo debería actuar un vehículo sin conductor ante un accidente de tráfico con consecuencias mortales. ¿Cuál es la opción correcta? ¿Para quién? ¿La *mejor* acción es la que produce la *mayor* utilidad para el *mayor* número de individuos involucrados? ¿La solución más *útil* es la más *justa*? Te invito a que consultes el experimento realizado por un grupo de científicos liderados por el MIT[1] llamado «Moral Machine» http://moralmachineresults.scalablecoop.org/. Estos científicos, han preguntado a millones de personas por situaciones como, ¿qué vida debe proteger un coche autónomo?, ¿la de sus ocupantes, la de los peatones o la de los ocupantes de otros coches?, ¿de qué depende esa elección?, ¿de la edad o del género de los implicados? Han participado más de cuarenta millones de personas de doscientos treinta y tres

---

1   Instituto de Tecnología de Massachusetts.

países distintos. Los resultados, más allá de alguna diferencia cultural, muestran la importancia no solo de utilizar datos en el diseño de algoritmos de toma de decisiones, sino la relevancia de involucrar a la ética en el centro de la tecnología, considerando esta última siempre como un medio y no como un fin en sí misma. Un sistema de inteligencia artificial va a optar siempre por la menos perjudicial de las opciones, pero ¿quién ha determinado que es la menos *mala*? Conocemos la respuesta: un ser humano y la experiencia de lo que se ha considerado *menos malo* en el pasado.

FAKE NEWS. Son noticias falseadas, es decir, información creada como si fuese *real* con la intención de desinformar o crear opinión interesada. Por ejemplo: Para fabricar papel se destruyen bosques. La madera para papel se cultiva en plantaciones. Para fabricar papel no se utiliza madera de especies exóticas de los bosques tropicales, ni de robles, hayas o encinas. Se utiliza madera de especies de crecimiento rápido que se cultivan con esta finalidad en plantaciones forestales, que se están continuamente regenerando y replantando y que, de otro modo, no existirían[2]. Es muy importante saber identificar las *Fake News*. La ética y el Pensamiento Crítico nos ayudan con este proceso. Si se comienza un nuevo proyecto sobre una hipótesis falsa, además de no tener buenos resultados, nos llevará a trabajar en la dirección equivocada.

---

2   Puedes ampliar información sobre los mitos del papel en https://www.graciaspapel.es/el-papel/la-verdad-sobre-el-papel/

Retomando la pregunta de esta primera sección, sobre si son necesarios los departamentos de Recursos Humanos, la respuesta solo será afirmativa si se realiza el cambio de misión y visión. Y para esa transformación se necesita un manual de futuro para el presente, para diseñar todas las acciones en base, no a lo que ha sucedido en el pasado y ha funcionado, sino a lo que está por llegar y ha de suceder en el tiempo. Recursos Humanos debería ser el departamento clave para liderar los procesos de cambio constante en entornos de incertidumbre... pero se ha alejado mucho del negocio, orientando su función al diseño de políticas y medición de indicadores para, en teoría, poner en el centro al empleado. Todavía con los efectos de una pandemia sanitaria, que nos ha hecho remover los pilares de nuestro modo de *ser* y *estar* en el mundo, en especial del modo de consumir y de trabajar, tenemos cinco grandes certezas que nos permitirán cuestionarnos la necesidad de Recursos Humanos, tal y como los conocemos hoy:

1. El trabajo, no se crea ni se destruye, solo se transforma.
2. La ética disuelve las *Fake News*.
3. El humanismo es digital.
4. Las competencias del futuro no se parecen a la Capacidad Analítica.
5. El *Efecto Espabilar*: si no evolucionas, te extingues... y lo sabes.

PRIMERA CERTEZA:

EL TRABAJO, NI SE CREA NI SE DESTRUYE, SOLO SE TRANSFORMA

El tipo de empleados que necesitan los negocios para crecer de forma exponencial y sostenible ya no son los mismos. Del mismo modo, la forma de desarrollar el trabajo y el contenido han cambiado de manera radical en los últimos diez años por la tecnología y por los procesos de transición energética que ha provocado el cambio climático. Muchos sectores, empresas y empleados ven como el trabajo se *desgasta* por estos efectos y son incapaces de espabilar y anticiparse.

En este primer capítulo vamos a reflexionar sobre la importancia para Recursos Humanos de aplicarse una de las propiedades del *Liderazgo Ético*, la Anticipación, y ver cómo se transforma el trabajo y el negocio a fin de orientar toda la fuerza de trabajo en esa dirección.

¿Qué tipo de empleados van a necesitar las empresas para un Futuro del Trabajo que se acerca demasiado rápido? ¿Fijos o eventuales? Si un porcentaje alto de algunos trabajos se puede desarrollar de forma remota, ¿desaparecerán las oficinas? Si muchas tareas pueden automatizarse, ¿necesitaremos cuarenta horas semanales, distribuidas de la misma manera que hace ochenta años?

Jack Nilles, físico de profesión y ex ingeniero de la NASA, sentó las bases del teletrabajo en la década de 1970. En plena crisis petrolera en los Estados Unidos, Nilles buscaba reducir los desplazamientos al trabajo para disminuir la contaminación ambiental y los problemas con el transporte. Su propuesta fue crear el *telecommuting* como una alternativa a la movilidad, llevar el trabajo al trabajador y no el trabajador al trabajo. Sin embargo, en ese momento, no se contaba con los medios tecnológicos suficientes para su desarrollo. Han pasado cuarenta años y, a pesar de estar en la Cuarta Revolución Industrial y presentar muchos beneficios, esta práctica no se había extendido, y mucho menos en España.

La transformación del modo que se desarrolla el trabajo y el contenido de este afecta de lleno al negocio y a Recursos Humanos. ¿Cuántos años llevamos escuchando el número de puestos de trabajo que se van a crear y destruir por el impacto de la tecnología? Se siguen abriendo fábricas... pero muchas de ellas ya están robotizadas, y los hábitos de consumo de los empleados ya han cambiado, como hemos visto en la introducción. Si una fábrica se automatiza, en lugar de *mano de obra* se necesitarán técnicos de ingeniería y mantenimiento y operaciones logísticas. El trabajo, su modo de realizarse y contenido, ya había cambiado antes de COVID-19. De hecho, siempre está en constante transformación, por la incorporación de procesos de automatización de tareas, desde la primera Revolución Industrial o, si apuramos, desde que el hombre cogió la primera piedra para hacer fuego. El trabajo, al igual que la energía, y a pesar de todos los apocalípticos, ni se crea ni se destruye, solo se transforma, y ahora, muy deprisa.

Como decía el eslogan de un conocidísimo anuncio de Coca Cola del año 2007, «Para todos», la pandemia parece que ha cambiado de golpe la forma de desarrollar el trabajo para todas las profesiones que no exigen presencialidad. Para los jóvenes, para los que están en la mitad del *sprint* laboral y para los que ya no saben que nombre ponerles y viven en la fina línea de la prejubilación o la jubilación anticipada. El edificio del empleo, ya bastante deteriorado en España, ha sufrido peores consecuencias. Sectores antisísmicos como el Turismo y la Hostelería, han quedado *vaciados* por la no presencialidad. Pero no hay que engañarse, ya se sabía desde hace tiempo que todos los trabajos estaban impactados por los procesos de automatización y el cambio climático.

Recursos Humanos tiene que centrar la gestión de empleados en torno a tres ejes, que no solo son para el presente, sino, sobre todo, para el futuro: la automatización de tareas, la personalización y el cambio climático. Y esto va a provocar una profunda transformación que demanda, desde ya, un modelo de trabajo flexible, no encorsetado a un Estatuto de los Trabajadores, con más polvo que las estanterías de los bares que cerraron durante el confinamiento. El trabajo no solo se ha transformado por la tecnología, sino por los hábitos de consumo. Herramientas como el teletrabajo deberían hacer reflexionar sobre aspectos clave como la *productividad*, el *compromiso*, la *gestión de equipos...* y no solamente de la fatiga que produce trabajar de forma virtual.

Recursos Humanos y la mayoría de los modelos de negocio siguen centrados en la *productividad*, que es la unidad que se utiliza para medir y planificar la cantidad de trabajo y recursos. ¿Es válida en plena cuarta Revolución Industrial?

Este concepto, lo define en 2016 Klaus Schwab, el fundador del Foro Económico Mundial:

> «La Cuarta Revolución Industrial genera un mundo en el que los sistemas de fabricación virtuales y físicos cooperan entre sí de una manera flexible a nivel global. Sin embargo, no consiste solo en sistemas inteligentes y conectados. Su alcance es más amplio, y va desde la secuenciación genética hasta la nanotecnología, y de las energías renovables a la computación cuántica. Es la fusión de estas tecnologías y su interacción a través de los dominios físicos, digitales y biológicos, lo que hace que la Cuarta Revolución Industrial sea diferente a las anteriores».

Vamos a realizar un rápido repaso de cómo las diferentes revoluciones industriales han impactado en el mercado de trabajo. La primera llega casi a finales del siglo XVIII, en 1784, con la aplicación del vapor a la producción mecánica. En la segunda Revolución Industrial, en 1870, se introduce la producción masiva basada en la electricidad. Se crea la cadena de montaje y el sector industrial se incrementa de forma exponencial. La tercera Revolución Industrial, en 1969, con el desarrollo de la informática, genera una progresiva automatización de los procesos de fabricación. Por último, en 2014, la industria experimenta otro cambio: surgen las *fábricas inteligentes* y la gestión de la producción a distancia.

«Estamos al borde de una revolución tecnológica, que modificará la forma en que vivimos, trabajamos y nos relacionamos. En una escala de alcance y complejidad mayor, la transformación será diferente a cualquier cosa que el género humano haya experimentado antes» Klaus Schwab

Sin embargo, en plena cuarta Revolución Industrial seguimos midiendo el trabajo por unidades de tiempo, es decir, de la misma forma que en la primera Revolución Industrial. En todas las reflexiones sobre el *futuro del trabajo* es imprescindible introducir los ejes de la automatización, personalización y cambio climático. Estos tres factores van a provocar una nueva organización del trabajo, tanto en la forma, como en el contenido de este. El valor del trabajo ya ha cambiado y es muy distinto según el sector y puesto de actividad. No debería medirse para todos los empleados de la misma manera, en función del tiempo o del número de horas.

La fórmula de la productividad no debería seguir asociada al tiempo o, al menos, no para todos los puestos de trabajo. Se parte de una hipótesis incorrecta para medirla, y es que todos los empleados necesitan el mismo número de horas para realizar el trabajo asignado. Un operario cualificado, un puesto técnico o un directivo, lo mismo para todos: ocho horas al día, cinco días por semana.

Una de las primeras reflexiones que debería empezar a hacerse Recursos Humanos es cuestionarse, de forma crítica, si las bases del concepto de lo que significa el *trabajo* sirven para el siglo XXI. La jornada laboral de ocho horas nace en 1593. Han pasado 428 años... La siguiente referencia a la jornada de ocho horas llega con la Revolución Industrial, a finales del siglo XVIII. En 1817, Robert Owen, impulsor del movimiento obrero británico, ideó el sistema de ocho horas de trabajo, ocho horas de recreo y ocho horas de descanso. La actual semana laboral estándar establece cinco días de trabajo y dos de descanso. En 1938, debido a la amplia presencia de trabajadores judíos que libraban los sábados, se estableció en Estados Unidos la *Fair Labor Standard Act*, que fijó el descanso en dos días. Así se estableció la semana de cuarenta horas, con ocho horas y cinco días a la semana, como ahora la conocemos. Han transcurrido ochenta y tres años y, desde entonces, la jornada de trabajo sigue igual: ocho horas, cinco días a la semana, como si en todo ese tiempo no hubiese cambiado nada.

La tecnología siempre ha introducido mejoras en las condiciones de trabajo a lo largo de la historia. La llegada del telar mecánico supuso un cambio importante, no solo por la eficiencia en los procesos sino también por la creación de nuevos puestos de trabajo. Al igual que ocurre ahora con la robotización de algunas fábricas, la tecnología, como medio, siempre transforma el trabajo humano y genera nuevas oportunidades. En definitiva, provoca la evolución necesaria de todos los puestos de trabajo. El trabajo manual de operario en todas las industrias no se irá destruyendo, sino especializándose. Todas las funciones que impliquen un servicio de intermediación, como en el caso de las agencias de viajes, oficinas de banco, etc., no van a desaparecer por culpa de la tecnología, sino por el hábito de compra de los consumidores. Pongamos un ejemplo. La facturación o *check-in online*, es el proceso a través de internet por el que se puede obtener e imprimir la tarjeta de embarque de un vuelo. Se genera de forma automática, asignándote el asiento que ocuparás durante el trayecto. La tarea es la misma, y lleva el mismo tiempo, pero en lugar de un empleado la realiza directamente el usuario. Es lo que denomino transformación del trabajo por autogestión mediante la tecnología. Recordemos el título de este capítulo: «el trabajo, no se crea ni se destruye, solo se transforma», y ahora mucho más rápido.

Si en pleno siglo XXI disponemos de sistemas que facilitan el acceso a la información, ejecutan tareas, y son asistentes inteligentes…, las preguntas que debería hacerse Recursos Humanos son: ¿se necesita el mismo tiempo de trabajo que antes de toda la transformación digital?, ¿quién destruye los puestos de trabajo, la tecnología o el cambio de hábitos de consumo de las personas?, ¿se destruyen los trabajos o se transforman? Deberían haberse anticipado, porque su misión debería ser garantizar la *Empleabilidad Sostenible* de todos los empleados, debido a que la mayoría de los trabajos van a tener *obsolescencia*, no solo por el impacto de la tecnología, sino por los cambios de hábitos de consumo y el cambio climático.

¿Qué significa la *obsolescencia* de los trabajos? El fin de su vida útil y la posibilidad de que se tornen no funcionales o inservibles. Se produce por diferentes motivos, por ejemplo, por reemplazo de las tareas rutinarias por un algoritmo o porque el cambio del sistema de generación de energía provoca la reconversión del trabajo de algunas industrias, como en el caso de los mineros. Los procesos evolutivos originan que las funciones, los requisitos, las competencias, tengan que cambiar rápido, ya que los mismos conocimientos, lo que se estudia en las etapas educativas, se va a quedar del mismo modo desfasado rápidamente. Y lo dicen todos los informes sobre el Futuro del Trabajo. Antes o después, hay muchas profesiones que se van a quedar inútiles ante la llegada de los procesos de automatización y el cambio climático, debido a que estos provocan una transformación radical de los hábitos de consumo.

PROCESOS DE AUTOMATIZACIÓN DEL TRABAJO

El informe *The Future of Jobs 2020 del World Economic Forum* toma como referencia, para extraer sus conclusiones, las encuestas realizadas a altos dirigentes empresariales, principalmente directores de departamentos de Recursos Humanos y directores de estrategia, que representan a casi trescientas empresas mundiales y en su conjunto emplean a ocho millones de trabajadores. Según sus estimaciones, para 2025, la tasa de automatización de la fuerza laboral será del 47%, frente al actual 33%, mientras que los empleos desempeñados por seres humanos representarán el 53%, muy por debajo del 67% vigente. «La automatización y una nueva división del trabajo entre los seres humanos y las máquinas desplazarán ochenta y cinco millones de empleos en todo el mundo en empresas medianas y grandes, de quince industrias y veintiséis economías». También pone de manifiesto que el aumento de la presencia de las máquinas «puede permitir la aparición de otros noventa y siete millones de puestos de trabajo, principalmente en sectores como el sanitario y las industrias tecnológicas de la cuarta Revolución Industrial, como la inteligencia artificial, y en los campos de creación de contenidos». Por ejemplo, el número de series en todas las plataformas se ha triplicado en los últimos ocho años. Esto significa el incremento de puestos de trabajo como guionistas o productores.

Los procesos de automatización están transformando desde hace años el trabajo. Todas las profesiones, de mayor a menor cualificación, ya están impactadas. Falta por determinar la velocidad. Recuerda que los algoritmos son más *sigilosos* que los robots y *devoran* las tareas sin darnos cuenta. La tecnología siempre es un medio que facilita la autogestión del usuario y elimina los procesos de intermediación. Trabajos que antes requerían la intermediación de una persona como, por ejemplo, sacar billetes o entradas, ahora ya no la necesitan. Las oficinas de banco no se cierran por culpa de la tecnología, sino porque el usuario tiene la opción de hacer lo mismo sin desplazarse y probablemente, con mejor experiencia, desde cualquier lugar y en cualquier momento. Recuerda que las empresas GAFA (Google, Amazon, Facebook y Apple) no tienen horarios. Estos son algunos empleos que se van a sustituir por completo o de forma parcial, es decir, se necesitarán menos horas para desarrollarlos, por robots o algoritmos:

— Agentes de viajes, por autogestión del usuario
— Analistas financieros, por algoritmos predictivos
— Cajeros de supermercado o de banca, por máquinas de autoservicio
— Conductores, por vehículos autónomos
— Teleoperadores, por chatbot

Uno de los efectos de los procesos de automatización de tareas debería de ser la reducción de tiempos de trabajo, pero es una de las primeras *Fake News*. La automatización de procesos de trabajo y la incorporación de herramientas no siempre disminuyen las horas, es más, a veces las incrementan. En muchos casos, el desconocimiento de quien tiene que automatizar el proceso provoca que se utilicen programas que generan más horas de trabajo que lo que se hacía anteriormente de forma manual.

CAMBIO CLIMÁTICO

Que tengamos que pasar de la emisión de cincuenta y un mil millones de toneladas de gases causantes del efecto invernadero a cero va a cambiar de forma radical el trabajo en todos los sectores y todas las posiciones. Y a diferencia de los cambios anteriores, este hito tiene una fecha muy cercana: el año 2050. Muy poco tiempo para cambiar el modo de producción y los hábitos de consumo a nivel mundial. El cambio climático implica transformar el modelo energético. La transición del sistema de generación de energía a través de combustibles fósiles como el carbón, el petróleo o el gas natural a otro modelo *más limpio,* va a impactar todos los sectores y todos los trabajos, ya que estamos hablando de un cambio en los modelos de fabricación y de consumo de todo lo que nos rodea, desde el cemento hasta el cargador de nuestro móvil. Y, por último, un cambio en la movilidad en la que están implicadas muchas industrias. El coche sigue siendo un símbolo de prestigio… ¿o de consumo no responsable?

Por último, te presento algunas de las posiciones del futuro que ya son del presente para muchas empresas, y que demuestran la veracidad de la primera certeza, que el trabajo, ni se crea ni se destruye, solo se transforma:

— Abogado de robots
— Arquitecto de Internet de las Cosas
— Coach de tercera edad
— Coordinador de Smartcities
— Criptodetective
— Desarrollador de dispositivos Wereables
— Diseñadores de «experiencia de viaje» sin conductor
— Educador de robots
— Especialistas en Economía Circular
— Experto en Soluciones de Movilidad
— Ingeniero Smart Factory
— Ingenieros de Tráfico Automatizado.
— Ingenieros y diseñadores de modificaciones genéticas
— Optimizadores del Tráfico de Drones
— Técnico de asistencia sanitaria asistido por Inteligencia Artificial

¿Todavía creemos que los procesos de automatización y el cambio climático no van a afectar al mercado de trabajo en la forma y en el contenido? ¿Cómo van a impactar en Recursos Humanos?

La segunda certeza para cuestionar el cambio de misión y visión de Recursos Humanos tiene que ver con el ámbito de la ética. No hay que asustarse ni saltarse este capítulo. Aunque no somos del todo conscientes, entra de lleno en las decisiones que tomamos a diario. Es el horizonte de reflexión y de acción entre lo bueno, lo malo, lo justo y lo injusto, lo verdadero y lo falso. Cada vez que se dice, «esto es *mejor* o es más *bueno* que lo otro», se entra a jugar en el campo de la ética.

PREGUNTAS PARA PENSAR POR QUÉ EL TRABAJO,
NI SE CREA NI SE DESTRUYE,
SOLO SE TRANSFORMA

— ¿Se necesitan cuarenta horas para todos los emplea-dos, sean *junior* o si llevan haciendo el mismo trabajo desde hace diez años? Cuanta más experiencia, ¿no se debería trabajar mejor y menos horas? ¿Necesita las mismas horas a la semana, y distribuidas de la misma manera, un cajero de supermercado que un técnico de selección o un director de desarrollo de negocio?

— ¿Es justo dar al empleado más eficiente más trabajo porque lo realiza en menos horas?

— ¿Qué impacto tiene en los trabajadores los procesos de automatización y el cambio climático?

Ideas takeaway, soluciones para implementar de manera simple y rápida

— Haz un listado de posiciones que se van a automatizar en los próximos cinco años. Realiza esta investigación, no solamente en el sector de la empresa sino, sobre todo, observando el comportamiento de empresas con modelos de negocio de crecimiento exponencial.

— Haz un listado de posiciones que se van a generar por el cumplimiento de los objetivos de la Agenda 2030.

Dilemas éticos para argumentar

— Un empleado que genera buen clima de trabajo y sabe trabajar bien en equipo, sin embargo, no tiene impacto en el negocio. ¿Le despido, o intento que pueda desarrollarse en otras funciones?

SEGUNDA CERTEZA:

LA ÉTICA DISUELVE LAS FAKE NEWS

El día a día de las empresas está lleno de dilemas éticos, donde las ideas sobre lo que es lo bueno, lo justo, lo malo y lo injusto, lo verdadero y lo falso, determinan la vida de miles de empleados y del presente y futuro del negocio. ¿A qué empleado voy a despedir? ¿Al de mejor desempeño o al de sueldo más alto? ¿Al más joven o al de mayor experiencia? Para la toma de decisiones, en la mayoría de los casos, no se utilizan criterios empresariales, sino *creencias* que están fundamentadas en opiniones de lo que es *bueno* para la empresa, y esto no suele coincidir con lo que es *bueno* para el empleado o para la sociedad. Y por ello, la misión de Recursos Humanos debería ser medir el impacto, no solo en los empleados, sino en el resto de agentes de interés: clientes, proveedores, accionistas y sociedad.

Se tropieza a cada segundo con la ética, y esta, y no solo la psicología, debería de ser el escenario perfecto para la gestión de personas. La ética determina el sentido del bien y del mal, de lo justo o de lo injusto, de lo verdadero y lo falso. ¿Hacerlo *bien*, significa hacerlo rápido? ¿Hacerlo perfecto? ¿Es trabajar en equipo, aunque se tarde más tiempo? ¿Dar soluciones creativas o arriesgadas que pueden no funcionar? Lo que significa *hacerlo bien* varía. No solo en relación con cada empleado, sino con todos los agentes de interés.

Pararse a pensar y cuestionarse el concepto de lo que consideramos *bueno* es el primer paso para un enfoque ético de Recursos Humanos. Lo *mejor* para los empleados, ¿es lo mismo para todos los géneros, para todas las generaciones y para todos los puestos? Tener mucha experiencia, ¿significa saber hacer bien el trabajo o que alguien lleva muchos años realizando esas tareas? Saber cuestionarse, aplicando la metodología del Pensamiento Crítico, es el motor que debería impulsar la verdadera transformación de Recursos Humanos.

Para responder a todas estas preguntas necesitamos la ética, para cuestionar certezas y disolver *Fake News*. A partir de ahora recuerda que siempre estás en el escenario de la ética cuando en la conversación aparecen los conceptos «bueno, malo, justo e injusto, verdadero y falso». Si este debiera ser el nuevo enfoque de Recursos Humanos, el cambio no puede hacerse diseñando más políticas y procedimientos, sino con la metodología del Pensamiento Crítico. El método socrático, junto con el cartesiano, son las bases de este y deberían estar en el centro de cualquier decisión empresarial y, más ahora, en tiempos de incertidumbre y cambio radical, en los que se ha demostrado que hacer las cosas de la misma manera que en el pasado no funciona para un futuro automatizado y con cambio climático. La principal característica de ambos métodos es la eliminación de pretensiones de certeza, con el objetivo de obtener una reflexión más a fondo de un tema en particular. Hay que dejar de ejecutar sin sentido, de la misma manera que en el pasado, y pararse a pensar. Hacerse preguntas es más importante que darse respuestas, porque lleva a la dirección adecuada más rápidamente, y con menos esfuerzo. Pero normalmente, en las empresas, está muy mal visto pararse a pensar, cuestionar a los JEFES o el trabajo de cualquier empleado. En general, en las empresas se considera negativo pensar y reflexionar, aunque siempre se diga todo lo contrario. Desde el negocio, y fomentado por las competencias que se definen desde Recursos Humanos, hay una necesidad imperiosa de actuar, de ejecutar, de hacerlo más rápido. Pararse a pensar sigue siendo en muchos entornos empresariales un síntoma de ocio, no de negocio.

Recursos Humanos debería haber dado el salto de la psicología a la ética. Por comportamiento ético entendemos el conjunto de parámetros no obligatorios que conducen la acción con un *propósito,* y la forma de responder con los diferentes agentes de interés. Lo que es *justo* para un empleado no suele coincidir con lo que es *justo* para un cliente o para un proveedor y para la sociedad. Respecto a la reflexión sobre la jornada de trabajo de cuatro días, ¿para quién es *justa?,* ¿para quién es *buena?,* ¿por qué una jornada de cuatro días y no de tres?, ¿es igual de válida para todos los puestos? El Pensamiento Crítico nos hace dudar antes de actuar y poner en marcha acciones que quizás vayan en la dirección equivocada. Por este motivo es necesaria la vinculación de Recursos Humanos con la ética, y no solo con la psicología, para hacer crecer el negocio de manera exponencial y sostenible. Las políticas de Recursos Humanos, en la mayoría de los casos, no tienen en cuenta los valores y el código ético, más que en los aspectos básicos relacionados con los derechos humanos y el cumplimiento normativo *(compliance)*. Además, se han quedado obsoletas en la mayoría de los casos por la incorporación de la tecnología y los procesos de automatización.

La evolución de los modelos de Recursos Humanos en la última década se ha caracterizado fundamentalmente por el cambio en la concepción del empleado, que deja de percibirse como un coste para considerarse como un recurso. En los últimos años se ha producido un avance más, dejando de considerar a los empleados como recursos y tomando toda la dimensión del concepto «personas», incorporando un enfoque más humano y menos utilitarista. Tratar a los empleados como recursos, estableciendo directrices para que cumplan sus objetivos y el enfoque psicológico para medir sus comportamientos, no es suficiente. Será el *propósito* por el que hacen su trabajo, su comportamiento ético, lo que cause mayor impacto para el negocio, no solo en la obtención de resultados y beneficios, sino en la generación de confianza y sostenibilidad para todos los agentes de interés.

El Pensamiento Crítico no sirve para que Recursos Humanos diseñe un plan de acción sobre las mismas cuestiones que se realizan un año tras otro, sino para hacerse preguntas nuevas, tales como: ¿qué significa que un empleado *dé lo mejor de sí mismo*?, ¿es necesario que los empleados, todos los años, en todas las circunstancias, *den lo mejor de sí mismos* y trabajen el mismo número de horas al día o a la semana?, ¿se sienten motivados por su responsable de equipo?, ¿qué significa «estar motivado»? Seguro que para cada empleado es diferente. Estar motivado significa ¿tener una alta remuneración?, ¿trabajar poco?, ¿que se reconozca el trabajo?... La ética, ayuda a cuestionar y disolver certezas, y solo se puede aprender con el ejemplo, no mediante políticas ni normas. Con estas últimas, la ética se puede cumplir, pero no se convierte en un hábito de actuación.

Como hemos visto, el enfoque ético y el Pensamiento Crítico no solo nos ayudan a pensar, sino a cuestionarnos lo que es bueno, lo malo, lo justo y lo injusto y, sobre todo, lo verdadero y lo falso, y aquí entran en juego las *Fake News, no verdades* que se asumen como ciertas y que, en la mayoría de las ocasiones, provocan un planteamiento equivocado.

Las *Fake News* son noticias falseadas, es decir, información creada como si fuese real con la intención de desinformar. Recursos Humanos ha ido construyendo *Fake News* a lo largo de su historia que ya se perciben como verdades. Bajo el paraguas de un interés empresarial, un paternalismo con los empleados o una concepción sobre lo que es bueno, malo, justo e injusto, han creado algunas falsedades articuladas para que sean percibidas como verdades. La ética, junto con el Pensamiento Crítico, ayuda a disolver *Fake News*, porque cuestiona lo que se da por verdadero. Vamos a repasar algunos de los ejemplos más relevantes.

Una de las primeras tiene que ver con la *toma de decisiones*. Se asume como hipótesis cierta que en las empresas tiene que hacerse con relación a la jerarquía. Este es uno de los típicos *bulos* que se han introducido en la mentalidad de todos los empleados, pero no se cuestiona por qué es así. El que tiene más poder de tomar decisiones, ¿es el que más sabe? Quien tiene el cargo más alto, ¿no confía en los empleados para que tomen las decisiones? Este sistema supone un embudo en todas las empresas, erosiona la confianza de los empleados y evita la innovación. Quien tiene más poder tiende a tomar las decisiones en base a la experiencia de lo que mejor ha funcionado en el pasado, igual que un algoritmo. Si un empleado tiene una idea o propone hacer un proyecto y, al presentarlo al JEFE, no le *gusta* o no le convence, ¿por qué no se tiene que hacer? La decisión de no llevarlo a cabo, ¿se toma en función de un criterio jerárquico o de negocio o por sesgos personales? Si se dispone de los mejores empleados en cada puesto, ¿por qué no se confía en su criterio? En la mayoría de las ocasiones los sesgos personales, junto con la idea de lo que nos parece bueno, malo, justo, injusto, verdadero o falso, constituyen uno de los mayores problemas de la toma de decisiones.

Otra *Fake News* tiene que ver con la *rotación*. Se supone como cierto que la baja rotación es un indicador de éxito empresarial. Siempre se ha considerado que es un síntoma de que los empleados están comprometidos con la empresa, y que esta ofrece buenas condiciones. Esta afirmación, que puede ser cierta, sin embargo, también oculta que la rotación en un puesto no debe ser considerada como *mala*, si la empresa tiene identificado como puede cubrir la posición rápidamente. El cambio es lo que permite salir de la zona de confort e innovar, pensar, arriesgar y ser creativo, competencias que nos diferencian de los robots y nos hacen mejores humanos. Se utiliza de hecho, con frecuencia, el término «retención de personal», cuando debería ser justo todo lo contrario, dar libertad para hacer empleados más responsables. ¿Debería Recursos Humanos introducir la *rotación obligatoria,* interna y externa, como una estrategia para hacer crecer los modelos de negocio de forma exponencial y sostenible? ¿Sería *bueno* para todos los puestos? ¿Sería *justo* para los clientes? ¿Qué impacto tendría para algunas instituciones y para la sociedad?

Y, por último, una de mis preferidas, relativas a lo digital y al ser humano. ¿Por qué se asume como cierto que la tecnología deshumaniza? Aunque este tema lo desarrollaremos en el siguiente capítulo, esta afirmación nos la encontramos de forma frecuente y la damos por válida sin preguntarnos qué significa realmente *ser humanos*, o si tiene algún fundamento más sólido. Ponemos dos conceptos a rivalizar sin darnos cuenta de que la tecnología siempre es humana, y es la que nos permite ser *más* y *mejores* humanos. ¿Por qué los hábitos de consumo o de relacionarse son *menos* humanos si se realizan a través de Internet? ¿Nos deshumanizamos cuando nos comunicamos por WhatsApp con una persona? Las recomendaciones que nos proponen después de haber visitado diferentes sitios webs, ¿son *malas*? Es el uso que hacemos las personas de la tecnología, lo que la sitúa en el horizonte de la ética y no al revés.

Si Recursos Humanos quiere ser el motor del crecimiento exponencial y sostenible de las empresas, y así colocar a los empleados en el centro, debe empezar a cuestionarse y aplicar el Pensamiento Crítico a las certezas que están en la base de sus políticas y procedimientos. Pensar, y cuestionarse, antes de actuar. ¿Por qué las políticas de diversidad de género o edad favorecen al negocio? ¿Existe alguna base científica para afirmar que las mujeres son más emocionales que los hombres? Si has respondido a algunas de las preguntas que te he planteado a lo largo de este segundo capítulo, o por lo menos, te has parado a pensar el grado de verdad que contienen algunas de las afirmaciones, ya has saltado al terreno de juego de la ética, y podrás descubrir su poder para *disolver* creencias.

La tercera certeza para cuestionarse la misión y visión de Recursos Humanos tiene que ver con la *Fake News* relacionada con la tecnología, que dice que esta nos hace menos humanos, nos atrofia y nos hace más dependientes. ¿Comenzamos a cuestionarnos estas *verdades*?

Preguntas para pensar por qué la ética disuelve las fake news

— Si la ética es tan importante para las empresas, ¿por qué se enseña casi siempre de manera online y la evaluación es en formato *auto test*?

— El que tiene más poder en la toma de decisiones, ¿es el que más sabe? o ¿quién tiene el cargo más alto?

— ¿Por qué no se confía en los empleados para que tomen las decisiones?

Ideas takeaway, soluciones para implementar de manera simple y rápida

— Haz un ejercicio sencillo para cualquier empleado, y pregúntale los valores de la empresa y para qué sirven. Si no los han interiorizado como hábitos de comportamiento, puede ser por dos motivos: porque son demasiados o porque no los ve reflejados en la actuación de los JEFES. Y esta segunda es más peligrosa. Ejemplo: Una empresa que tenga el valor de la Innovación. Si un empleado no lo ve reflejado en el día a día de su JEFE o del resto de los empleados, no tiene un problema de memoria. Recuerda que la ética no se aprende en un *PDF*, sino con el ejemplo.

— Establece dos horas a la semana para pararse a pensar y cuestionarse sobre cómo impacta cada empleado al negocio, y que cada empleado cuestione y se pregunte sobre el funcionamiento de cualquier procedimiento de la compañía.

— Pregunta a tus empleados, a todos, que debería hacer la empresa para obtener mejores resultados y ser más sostenible. Pero no hay que quedarse solo ahí. Selecciona las *mejores* ideas, y con un equipo de trabajo diverso, ponlas en marcha rápidamente. Y, por último, recuerda que *lo mejor* no suele significar lo mismo para todos los agentes de interés.

— Haz una encuesta de una sola pregunta: ¿cuál es el *propósito* de tu puesto de trabajo? Las respuestas seguro que te van a sorprender, no solo por comprobar si están alineadas o no con el negocio, sino por la dificultad de responder a esa pregunta.

DILEMAS ÉTICOS PARA ARGUMENTAR

— Un JEFE que sabe que tiene que despedir a cuarenta empleados dentro de un mes, ¿debería no ser transparente con ellos y comunicárselo solo quince días antes, o decírselo desde el principio?

TERCERA CERTEZA:

EL HUMANISMO ES DIGITAL

Recursos Humanos ha mantenido desde siempre malas relaciones con la tecnología porque cree que la esencia de su trabajo y su misión son las personas, los seres humanos, y no las máquinas. «Lo digital deshumaniza», esta es una de las *Fake News* más corrosivas y batalla habitual entre apocalípticos e integrados.

Lo humano es digital, no son dos espacios ni esencias diferentes. El Humanismo fue un movimiento intelectual desarrollado en Europa durante los siglos XIV y XV que, rompiendo las tradiciones escolásticas medievales y exaltando en su totalidad las cualidades propias de la naturaleza humana, pretendía descubrir al *ser humano,* y dar un sentido racional a la vida, tomando como maestros a los clásicos griegos y latinos, en cuyas obras basó su desarrollo.

La tecnología es el medio que utilizan los seres humanos desde su aparición en la tierra hace aproximadamente dos millones y medio de años, para su adaptación y evolución. Para los primeros homínidos la incorporación de tecnología tenía como fin alimentarse mejor, como es el caso de la aparición del fuego. Y detrás de la tecnología siempre está ese pensamiento humano o la casualidad, que llevó a la ocurrencia de chocar entre sí dos piedras.

Todos los problemas generados por la tecnología en el ámbito de Recursos Humanos vienen derivados por tres cuestiones. La primera, el gran desconocimiento técnico. Si no sé lo que significa *minería de datos* o qué implica el diseño de un algoritmo para simplificar un proceso, es difícil que se puedan hacer las preguntas necesarias, o tomar una decisión con el conocimiento adecuado. Recuerda que la toma de decisiones no tendría que ir ligada a la jerarquía, sino al conocimiento. En segundo lugar, no revisar antes el contenido ni los procesos de lo que se quiere digitalizar. Y, por último, una *Actitud Digital* negativa. A partir de ahora seamos conscientes de las veces que se asocian adjetivos negativos a la tecnología: «la máquina es tonta» o «los robots te van a quitar el trabajo».

La tecnología, lo digital, debería ser el medio que impulse a Recursos Humanos para convertirse en el motor del crecimiento exponencial y sostenible de los negocios. Se cambia de un Excel a una *App*, sin preguntarse para qué, si de verdad va a ser más simple, y sin revisar el contenido de lo que se quiere modificar. Sin tener en cuenta el *propósito* de hacerlo, más allá de una constante modernización. Nuevas herramientas para los mismos contenidos. En primer lugar, hay que pararse a pensar y preguntarse para qué se necesitan y los procesos que van a quedar afectados. ¿Para qué se quiere automatizar una tarea? Pensemos en el proceso antes de *barnizarlo* de tecnología. Uno de los ejemplos más claros tiene que ver con la publicación de las ofertas de empleo. Introducir tecnología sin pensar es difundirla a través de las redes sociales, y no revisar antes las funciones ni los requisitos, ni el nombre del puesto. Lo mismo sucede con la formación *online* o el teletrabajo: hay que centrarse en los contenidos y no solo en las herramientas.

Recursos Humanos debería ser como Netflix y transformar la experiencia del empleado, no solo con la tecnología sino con los contenidos.

Otro ejemplo es el relacionado con la irrupción, hace unos años, de las aplicaciones (Apps) para Recursos Humanos. Estas se presentaron como una solución integral para la gestión del personal y reclutamiento. Prometían automatizar la gestión de Recursos Humanos en todas las áreas: Atracción y Selección, Formación, Desarrollo y Desvinculación, y en todos los temas importantes como las vacaciones, el control horario, las evaluaciones o las notas de gastos. Se sustituían los archivos de Excel por una aplicación móvil, sin pararse a pensar las cuestiones básicas para los empleados y el negocio. ¿Se necesita el control horario para todos los puestos?, ¿necesitan todos los empleados el mismo número de días de vacaciones?, ¿por qué se necesitan controlar los días de vacaciones de todos los empleados?, ¿no se confía en ellos?

La tecnología implica un cambio en los procesos de trabajo y en la forma de relacionarse, cambia los hábitos de consumo, y el trabajo también *se consume*. Ha transformado de forma radical la forma de *ser* y *estar* en el mundo. Y COVID-19 ha acelerado no solo los cambios, sino ser conscientes de ellos. Ya se podían realizar muchas actividades de forma remota, hasta trabajar. Recuerda que el teletrabajo apareció en la década de los años setenta, del pasado siglo XX. Sin embargo, Recursos Humanos no ha sido plenamente consciente de la transformación digital, la automatización de procesos y de que los hábitos de consumo de los empleados ya habían cambiado.

La tecnología posibilita la autogestión al empleado frente al paternalismo de Recursos Humanos. ¿Para qué se necesitan los mismos catálogos de formación de antes si dispongo de mejores cursos en Internet, y, además, se pueden consumir 24/7, y tienen muchas recomendaciones? ¿Para qué se necesita en las empresas una persona que nos emita los billetes de viaje?, ¿acaso no se confía en los empleados? Si los empleados son lo más importante, ¿por qué el precio de los billetes de viaje va en función de su jerarquía y no de su impacto en el negocio? Estas son algunas de las preguntas que espero que te hagan pensar antes de incorporar tecnología para parecer moderno.

Y en último lugar me gustaría hablar de forma breve de los algoritmos, esos *malvados* (además tienen género masculino) que, por fin, nos van a dejar tiempo libre para tareas más creativas. Un algoritmo es un conjunto ordenado de operaciones sistemáticas que permiten hacer un cálculo y hallar la solución de un tipo de problemas. Una secuencia de pasos lógicos, muy parecida a nuestro proceso de razonamiento, a pensar. De hecho, la Capacidad Analítica es la habilidad para descomponer sistemáticamente un problema complejo en sus elementos más simples y, así, obtener las mejores soluciones. Además, ahora, los algoritmos no solamente ejecutan de forma mecánica, sino que también *aprenden*. El Machine Learning es una disciplina de la inteligencia artificial que, por cierto, aunque se hable ahora mucho de ella, surgió en 1950 a partir de los trabajos de Alan Turing, que además era humanista y polímata, es decir, una combinación de disciplinas aparentemente opuestas: matemático, filósofo, biólogo y maratoniano. ¿Para qué se necesitan algoritmos en Recursos Humanos? Para analizar rápidamente grandes cantidades de datos (Big Data), predecir lo que se va a consumir y conocer las tendencias de comportamiento de los empleados, según el modelo del pasado y de forma personalizada. Antes de incorporar tecnología ya sabes lo que se tiene que hacer: pararse a pensar antes de empezar a automatizar. ¿Por qué? Porque los datos del pasado van a configurar las *certezas* sobre las que se infiere y se hacen predicciones. Por ejemplo, ¿a qué empleado va a promocionar un algoritmo? Seguramente, al de *mejor* desempeño. Acuérdate de la ética y del Pensamiento Crítico. ¿Qué significa el *mejor* desempeño? ¿El comportamiento del pasado nos sirve para predecir el futuro? Antes de empezar hay que analizar los datos de todos los empleados que se han promocionado en los últimos diez años: por género, edad, nacionalidad, etc., para saber con anticipación, que significa *tener el mejor desempeño.*

Tenemos la certeza, por lo menos hasta nuestros días, de que quienes diseñan los algoritmos son seres humanos, y como diría Nietzsche, demasiado humanos, con sesgos, y juegan en el campo de la ética aunque no sean plenamente conscientes. En el año 2018, Amazon prescindió de un algoritmo de reclutamiento por discriminar a mujeres. Descubrieron que al sistema lo entrenaron con los perfiles de los solicitantes de empleo de los últimos diez años, y todos coincidían mayoritariamente en el mismo género. Ante estas situaciones se dice que los algoritmos no son éticos, cuando lo que falta es el análisis de la información sobre la que se va a actuar, siempre antes de incorporar tecnología. No solo hay que revisar con atención los datos sobre los que se va a ejecutar las operaciones, sino analizar si esa información es la base del pasado por la que queremos que se tomen las decisiones del futuro y hacer predicciones.

La cuarta certeza para cuestionarse la misión y visión de Recursos Humanos tiene que ver con las competencias y los sentimientos. La pasión, las emociones, los errores, la imperfección, los sesgos son lo que nos hacen humanos, lo que mueve el mundo. Ya no solo desde un punto de vista individual sino, sobre todo, en la interacción social, que es el ámbito de la ética. No solo lo mueven los conocimientos y la razón. Las operaciones de un algoritmo son perfectas, pero en un mundo incierto, ¿necesitamos perfección o intuición? Y la evolución de las competencias, como veremos en el siguiente capítulo, es necesaria aplicarla a cada uno de los empleados. O quizás preguntarse, ¿para qué se miden las competencias desde Recursos Humanos? o ¿por qué hay que medir las competencias?

PREGUNTAS PARA PENSAR PORQUÉ EL HUMANISMO ES DIGITAL

— ¿Para qué se necesitan desarrollar algoritmos en Recursos Humanos?
— Actuar con pasión significa no siempre tomar la decisión más acertada. ¿Podría actuar de esta forma un algoritmo? ¿Puede tener *instinto* un robot? Recuerda siempre definir bien lo que significa el término sobre el que se quiere plantear la reflexión.
— ¿A qué empleado va a promocionar un algoritmo?

IDEAS TAKEAWAY, SOLUCIONES PARA IMPLEMENTAR DE MANERA SIMPLE Y RÁPIDA

— Revisa de forma exhaustiva todos los datos de los empleados y la forma de relacionarlos. Será la base sobre la que los algoritmos realicen las predicciones.

— Pregunta a cada empleado qué funciones, tareas y competencias de su puesto de trabajo se pueden automatizar.

— Haz un chequeo de la *Actitud Digital* de todos los empleados. El lenguaje determina la realidad.

DILEMAS ÉTICOS PARA ARGUMENTAR

— En el diseño de los algoritmos, todos somos responsables. La falta de conocimientos tecnológicos de las personas, y la no integración de equipos diversos en el diseño, es lo que hace al algoritmo *malo* o *bueno*. ¿A quién promocionaría en una empresa un algoritmo? ¿A la persona que tiene más experiencia o a la que se haya saltado más veces las normas?

CUARTA CERTEZA:

LAS COMPETENCIAS DEL FUTURO NO SE PARECEN A LA CAPACIDAD ANALÍTICA

Si el trabajo ha cambiado y la ética se debería colocar como foco de la transformación, y todo lo digital es más *humano* que nunca, es hora de analizar si las competencias que se requieren para trabajar, con el impacto de la automatización y el cambio climático, tienen que ser las mismas de siempre. ¿Qué competencias son clave para teletrabajar? ¿Las competencias de un trabajador autónomo son las mismas que las de una persona con contrato indefinido? ¿Qué competencias se necesitan en todos los empleados para modelos de negocio de crecimiento exponencial? ¿Por qué se necesitan medir las competencias de los empleados? Estas son algunas de las cuestiones sobre las que vamos a reflexionar y que nos ayudarán a responder a la pregunta de esta sección: ¿Es necesario un departamento de Recursos Humanos tal y como lo conocemos hasta ahora?

Uno de los cambios que se lleva a cabo en Recursos Humanos en los años ochenta es la Gestión por Competencias, poner el foco no solo en *qué* hacen los empleados sino el *cómo* lo hacen. Aunque se venía hablando de las competencias en los círculos pedagógicos desde los años veinte, es en 1973 cuando se empieza a tomar en consideración este término, impulsado por el psicólogo David Mc Clelland, profesor de Harvard, a través de la publicación de un artículo titulado *Testing for Competence Rather than Intelligence*, quien la define como «la característica esencial de la persona y que es la causa de su rendimiento eficiente en el trabajo». A partir de los años setenta se comenzó a implantar en las organizaciones un modelo de gestión de recursos humanos o administración de personal, como se denominaban antes —es destacable que en muchas empresas se sigue llamando así—, no solo centrado en los objetivos y funciones que tenían que alcanzar los empleados, sino en un modelo que tuviera como base las competencias profesionales, midiendo no solo las tareas que se realizan, sino la forma en la que se llevan a cabo.

Desde entonces, el interés del mundo de la empresa por el tema de las competencias no ha hecho más que crecer incesantemente y ampliar su campo de aplicaciones, inicialmente restringido a la selección de personal, a la formación y a los planes de desarrollo profesional. Este término se retoma en los noventa a partir de las formulaciones de Daniel Goleman sobre la Inteligencia Emocional[3]. La Gestión por Competencias se desarrolla desde un punto de vista psicológico, entendiendo por psicología la rama de la ciencia que estudia los procesos mentales. Se analizan los comportamientos como procesos que intervienen en todas las conductas de los empleados. La deficiencia de estos modelos basados en el comportamiento individual es que no integran el fin o fines de la acción. No incorporan la motivación ética en el principio de actuación. Miden el grado de eficiencia que se necesita para realizar una tarea, pero no se preguntan por qué hay que ser eficientes, un *para qué*, y qué es lo que mueve la acción más allá del estricto cumplimiento normativo. ¿Por qué todos los empleados tienen que ser proactivos? La proactividad es una de las competencias que aparece con más frecuencia en todas las ofertas de empleo. ¿No es una obviedad? ¿Acaso se necesita incorporar a un empleado que no tenga iniciativa? Y, por otro lado, ¿se deja a los empleados ser proactivos? Las competencias siempre implican un propósito de la acción, pero Recursos Humanos se ha centrado en el cómo se desempeña una acción, más que el *para qué* se realiza.

El enfoque desde un punto de vista psicológico, y no desde un punto de vista ético, ha provocado que la gestión de empleados se haya centrado en el análisis de la conducta humana, en los procesos cognitivos y la personalidad. Desde este enfoque se analiza el

---

3   La inteligencia emocional es la capacidad de percibir, expresar, comprender y gestionar las emociones.

comportamiento atendiendo al modo de ser humano en cuanto a su personalidad, el mundo de la psique, pasiones, deseos, carácter y educación. La psicología mide y analiza el comportamiento desde la individualidad y los rasgos de la personalidad. Por el contrario, el enfoque de la ética es social, es el comportamiento del individuo en tanto que está integrado en un sistema, y no desde el punto de vista de su personalidad sino de su comportamiento en sociedad. Porqué tenemos que ser *buenos* o tener un determinado comportamiento varía si se analiza desde un punto de vista ético (punto de vista social) o psicológico (punto de vista emocional). El análisis ético implica cómo afecta mi comportamiento individual al equipo. Para Victoria Camps, una de las mayores especialistas en el campo de la ética, «el ser de la praxis es alteridad», lo que significa que las acciones humanas siempre están integradas en el colectivo que se desarrolla, en este caso en la empresa, y en relación con todos los agentes de interés: empleados, clientes, accionistas, proveedores y sociedad. Recursos Humanos debería centrarse en el comportamiento humano, no solo en su individualidad, sino en la dimensión social, entendiendo por esta última la interacción de todos los empleados en la empresa y con los agentes de interés.

COVID-19 ha acelerado los procesos de transformación digital, impulsando no solo un nuevo modelo de trabajo, menos centrado en la presencia, sino las competencias digitales como un ingrediente básico de cualquier profesión. Empresas con menos de treinta años de vida (Google, Apple, Amazon, Netflix, Airbnb, Tesla,

Facebook) han adelantado el Futuro del Trabajo, y en este escenario las competencias, y no solamente los conocimientos, son críticas. La *capacidad de aprendizaje constante* se ha convertido en la más demandada en los últimos cinco años. Si la misión de Recursos Humanos es hacer crecer los negocios de manera exponencial y sostenible, no solo vamos a necesitar evolucionar las competencias de todos los empleados, sino *intensificar* las propiedades en su grado temporal y de modo. ¿Qué significa esto? No solo necesitamos la habilidad de adaptación al cambio sino que sea, además, una *adaptación al cambio*, constante, con *propósito*, y en permanente estado de alarma.

En épocas de incertidumbre, automatización y cambio climático, las competencias adquieren propiedades nuevas. Evolucionan de la *eficacia* y la *excelencia* a la *innovación* e *influencia*. La rapidez en dar respuesta a determinados problemas, como parte integral para medir si un candidato o empleado es válido para trabajar en una empresa, ya no son tan relevantes. Google siempre tarda menos en dar respuesta que el empleado más *inteligente* o el mejor JEFE.

Del listado de competencias que aparecen a continuación, piensa en las que necesitas para hacer el cambio. Antes de hacer la selección ya sabes lo que tienes que hacer: pararte a pensar en el *propósito* de hacerlo, y recordando las ocho propiedades del Liderazgo Ético: Anticipación e Innovación Radical. Comunicación y Transparencia Radical, Confianza, Ejemplaridad, Pensamiento Crítico, Personalización y, por último, Sostenibilidad y Tecnología.

- Adaptación al cambio
- Compromiso
- Comunicación
- Empatía
- Flexibilidad
- Gestión de equipos
- Innovación
- Liderazgo
- Negociación
- Orientación a resultados
- Orientación al cliente
- Pensamiento analítico
- Proactividad
- Resiliencia
- Resolución de conflictos
- Trabajo en equipo
- Visión estratégica

¿Se podrían simplificar los diccionarios de competencias y en su lugar aplicar las ocho propiedades del Liderazgo Ético? Esta será una de las cuestiones que te propongo en el libro. Además de simplificar, se consigue orientar a toda la fuerza de trabajo en una misma dirección. Las competencias que se tienen que adquirir o desarrollar para tener una *Empleabilidad Sostenible* han cambiado. O por lo menos ha disminuido o aumentado su prioridad. Las habilidades tradicionales para tener buen desempeño o éxito en una empresa se han desgastado por los procesos de automatización y cambio climático, y la complejidad de los problemas actuales exige una evolución. Algunas de las competencias que mejor funcionan y garantizan una transformación son: *creativi-*

dad frente a *eficiencia, capacidad de aprendizaje* constante frente a *orientación a resultados, pensamiento crítico* frente a *excelencia, innovación radical* frente a *pensamiento analítico.*

Si el trabajo se ha transformado, provocando que Recursos Humanos se centre en el horizonte de la ética en lugar solamente de la psicología, y somos ya conscientes que los procesos de automatización y cambio climático llevan a una necesaria evolución de las competencias, la última certeza para cuestionar la necesidad de Recursos Humanos es dejar de quejarse y poner excusas, y *espabilar.*

PREGUNTAS PARA PENSAR SOBRE LAS
COMPETENCIAS DEL FUTURO

— ¿Qué competencias son clave para teletrabajar?

— ¿Deben tener todos los empleados las mismas competencias, en el mismo grado?

— ¿Sirven las mismas competencias para entornos de incertidumbre, automatización y cambio climático?

— ¿Hay algún trabajo para el que no se necesiten personas proactivas?

— ¿Qué ocurriría si eliminas el liderazgo de los diccionarios de competencias?

— El *pensamiento lógico* y *la capacidad analítica,* ¿son propiedades de la *creatividad*?

— ¿Se podrían sustituir los diccionarios de competencias por las ocho propiedades del *Liderazgo Ético*?

Ideas takeaway, soluciones para implementar de manera simple y rápida

— Reunión semanal de críticas al trabajo de los demás. Si la crítica a una forma de trabajar o de comportarse se repite más de dos semanas seguidas, y no se ha solucionado, hay que tomar medidas radicales (Recuerda que dos de las propiedades del *Liderazgo Ético* llevan ese adjetivo).

— Si un JEFE argumenta que desconocía una situación de uno de sus empleados, es que no merece el cargo jerárquico, hay que desvincularlo.

— No te empeñes en hacer surf si no hay olas. Si el diccionario de competencias no se ha interiorizado, la culpa no es solo de los empleados sino de Recursos Humanos. Piensa como Netflix, si no se consume es porque no gusta o no se entiende.

Dilemas éticos para argumentar

— ¿Se necesita perfección o intuición para hacer crecer los negocios de manera exponencial y sostenible? No se pueden dar las dos de forma simultánea: ¿cuál vas a priorizar?

QUINTA CERTEZA:

EL EFECTO ESPABILAR
SI NO EVOLUCIONAS,
TE EXTINGUES… Y LO SABES

Hay un refrán que algunos atribuyen a san Ignacio de Loyola que dice: «En tiempos de turbación (o tribulación), no hacer mudanza», que, llevado a la actual situación de incertidumbre, podría significar que vamos a esperar a que vuelva todo a la normalidad que conocemos antes de hacer cualquier cambio. En muchas empresas de casi todos los sectores, cuando hay turbulencias, sean financieras o de otro tipo, piensan de manera habitual, en una palabra: *hibernación*. Es el estado de letargo en el que algunos animales se sumergen durante los meses de invierno. Su metabolismo decrece hasta un nivel muy bajo, además de tener una temperatura corporal y una frecuencia respiratoria inferior a lo normal. Un estado fisiológico de adaptación para superar las duras condiciones invernales. Estado semejante a la hibernación de los animales se produce en muchas personas cuando se enfrentan a situaciones extremas. Pero este sueño invernal aplicado a los modelos de negocio y a Recursos Humanos parte de una hipótesis incorrecta, y es que no sabemos si vamos a despertar a una primavera, con las mismas condiciones climatológicas que conocíamos.

¿Volverá esa *normalidad* a los negocios, al empleo y, en definitiva, a la vida? Lo desconocemos tanto los optimistas como los pesimistas. Lo que sin duda tenemos que asimilar ya de una vez es que nada va a regresar de la misma forma. Como decía Heráclito, hace más de dos mil quinientos años, no solo no nos vamos a bañar en el mismo río, porque la corriente siempre es distinta, sino lo que más va a cambiar somos nosotros mismos: los seres humanos. COVID-19 nos ha cortado de raíz muchas seguridades, y sectores estables como el turismo, que en muchos países representaba alrededor del 10% del PIB y generaba un número considerable de empleos, han sido sacudidos como un terremoto. Y, sin embargo, este virus también ha traído cinco grandes certezas que nos han hecho cuestionarnos la necesidad de cambiar la misión y visión de Recursos Humanos:

1. **El trabajo, no se crea ni se destruye, solo se transforma**, no hay que tener miedo a la evolución del mercado de trabajo, provocado por los procesos de automatización y el cambio cli-

mático. Recursos Humanos debería anticiparse para poder orientar a todos los empleados en la misma dirección, y así hacer crecer los negocios de manera exponencial y sostenible.

2. La segunda, **la ética disuelve las Fake News**. La importancia del Pensamiento Crítico antes de actuar ayuda a poner en cuestión certezas que se nos presentan como verdaderas, y que deben mover a Recursos Humanos al campo de la ética y no solo al de la psicología.

3. La tercera, **el humanismo es digital**. Desde Recursos Humanos hay cierta tendencia a criticar los procesos tecnológicos porque deshumanizan, y es justo todo lo contrario, nos van a hacer *más* y *mejores* humanos, y van a potenciar todas las competencias relacionadas con las emociones y los sentimientos. Para ello Recursos Humanos tiene que ser ejemplar en sus mensajes en relación con la tecnología y tener *Actitud Digital*.

4. La cuarta es que **las competencias del futuro no se parecen a la Capacidad Analítica**, y están más relacionadas con la parte *soft*. Las emociones, la creatividad, la intuición o el riesgo son esenciales, no para batallar contra los robots, sino para que se puedan impulsar modelos de negocio sostenibles. COVID-19 ha demostrado no solo que la transformación digital se había quedado en muchas ocasiones en título de congresos y premios, sino que no teníamos JEFES suficientemente preparados para navegar en una tormenta perfecta y sin brújula.

5. Y, por último, que si no se espabila, evoluciona y se adapta a un entorno de incertidumbre, Recursos Humanos se extingue. Lo digital no es una moda y del cambio climático tenemos informes.

No es tiempo de hibernar, sino justo de todo lo contrario, es tiempo de espabilar. Según el Diccionario de la Real Academia de la Lengua, significa avivar y ejercitar el entendimiento, perder la timidez, salir del sueño, sacudirse la pereza y, por último, apresurarse, darse prisa en la realización de algo. Y esto debería significar ser como Netflix. Nos hace estar *enganchados*. ¿No es lo mismo que el *compromiso* que persigue sin descanso Recursos Humanos? El algoritmo predictivo de Netflix tiene más empatía que muchos JEFES. Sabe lo que necesitas en cada momento, si has dejado de ver algo, te pregunta por qué, personaliza, se anticipa y te da libertad. No olvides que muchos algoritmos nos conocen mejor que Recursos Humanos.

Te propongo una serie de preguntas para una última reflexión en esta sección: ¿Desconocíamos que el sector de turismo en España, tal y como estaba planteado también en muchos países, no era sostenible a medio y largo plazo por los efectos del cambio climático? Según el informe *Impactos y riesgos derivados del cambio climático en España,* «el sector turístico puede verse afectado por el cambio climático tanto por los impactos en la oferta como en la demanda. La subida de las temperaturas en las provincias costeras del Mediterráneo, especialmente en el sur, puede disminuir la predisposición de los turistas a visitar estos destinos. Aunque esto también podría provocar que la temporada alta de los destinos de sol y playa españoles se desplazara fuera de los meses de julio y agosto tradicionales. La incidencia de eventos extremos en las costas puede también incidir negativamente en el turismo de playa y deportes acuáticos. El turismo relacionado con los deportes de invierno es el que se está viendo ya más afectado, especialmente en el caso de las estaciones de esquí a cotas más bajas por la falta de nieve, situación que es previsible que se agrave incluso con escenarios climáticos más moderados». El cambio climático está provocando una transformación del sistema energético mundial y va a afectar no solo a nuestra forma de consumir, como la Economía Circular[4] sino, sobre todo, a la forma y contenido del trabajo. Las empresas de explotación de combustibles fósiles como el petróleo, gas y carbón no van a crear el mismo empleo de siempre, y Recursos Humanos y todos los empleados que trabajan en esos sectores, deberían anticiparse para un cambio de funciones y competencias. ¿Se debería mantener el trabajo de los mineros aunque perjudique el objetivo de «Cero Emisiones»?

En resumen, solo nos queda *espabilar* para estar bien posicionados en un mercado de trabajo y consumo variable, complejo, incierto y ambiguo. Porque en tiempos de mudanza es bueno hacer cambios, y en tiempos de pandemia, obligatorio.

---

4   La economía circular es un modelo de producción y consumo que implica compartir, alquilar, reutilizar, reparar, renovar y reciclar materiales y productos existentes todas las veces que sea posible para crear un valor añadido. De esta forma, el ciclo de vida de los productos se extiende.

Ahora que ya conoces las certezas que deberían llevar a un cambio de misión y visión a Recursos Humanos, vamos a analizar cómo podemos contribuir al crecimiento de los negocios aplicando las ocho propiedades del *Liderazgo Ético* a todos los empleados, no solo a los JEFES.

SECCIÓN SEGUNDA

GUÍA PARA CONVERTIR A RECURSOS HUMANOS EN NETFLIX, APLICANDO LAS OCHO PROPIEDADES DEL LIDERAZGO ÉTICO

Esta sección ofrece una guía para convertir a Recursos Humanos en Netflix, cambiando la misión y visión, y aplicando las propiedades del *Liderazgo Ético* a todos los empleados, no solo a los JEFES. Se presenta la metodología *Sensei*, un método del Pensamiento Crítico para buscar conocimientos sólidos sobre los que fundamentar todas las hipótesis de trabajo.

6. ¿Cómo se realiza el cambio de la misión y visión de Recursos Humanos?

7. Las ocho propiedades del Liderazgo Ético

8. Nuevas certezas de Recursos Humanos para el Futuro del Trabajo

6. ¿CÓMO SE REALIZA EL CAMBIO DE LA MISIÓN Y VISIÓN O DE RECURSOS HUMANOS?

Después de haber reflexionado sobre la necesidad de hacer un cambio en Recursos Humanos en base a las cinco certezas de la primera parte del libro, esta sección ofrece una guía para convertirse en Netflix, cambiando la misión y visión, y aplicando la metodología de Pensamiento Crítico y las propiedades del *Liderazgo Ético* a todos los empleados. El objetivo de Recursos Humanos no debería ser diseñar una y otra vez políticas y procedimientos, ni incorporar aleatoriamente herramientas tecnológicas, ni metodologías, en teoría, innovadoras. Debería ser pararse a pensar y preguntarse, el *para qué* y *porqué* de lo que necesita el negocio y los empleados, ante los cambios producidos por los procesos de automatización y cambio climático. Y para ello, es fundamental instalarse en el horizonte de la ética, y no solo en el de la psicología. En base a estas hipótesis, la misión y visión de Recursos Humanos, debería ser:

MISIÓN

Hacer crecer el negocio de manera exponencial y sostenible, asegurando las propiedades del *Liderazgo Ético* en todos los empleados. Para esta misión, Recursos Humanos debería ser como Netflix: se anticipa, personaliza, innova de forma constante y no ejecuta en base a los mismos parámetros de siempre. Se detiene y piensa de forma crítica y con *Actitud Digital*, cuál va a ser el comportamiento del usuario, no desde el punto de vista individual, sino social. Y en base a eso, será capaz de orientar a todos sus empleados al negocio.

Esto significa: primero, anticiparse al Futuro del Trabajo impactado por la automatización y el cambio climático. Observar el comportamiento de las empresas más innovadoras, para dotar de conocimientos y competencias a los empleados, alineados con los Objetivos de Desarrollo Sostenible y la Agenda 2030. En segundo lugar, generar en todos los empleados una *Empleabilidad Sostenible,* que permitirá orientar a la plantilla de forma ágil, hacia la parte del negocio más rentable. Y así conseguirá un impacto coherente, no solo en los empleados sino con todos los agentes de interés: clientes, proveedores, accionistas y sociedad.

VISIÓN

Ser el motor del crecimiento exponencial y sostenible de las empresas que, basado en la metodología de

Pensamiento Crítico, genere un modelo de *Liderazgo Ético* y dote de *Empleabilidad Sostenible* a todos los empleados, impulsando el progreso de los agentes de interés: clientes, proveedores, accionistas y sociedad.

Este libro tiene como objetivo ser un manual de futuro para el presente de Recursos Humanos, incorporando las ocho propiedades del *Liderazgo Ético*, esenciales para realizar el cambio en los modelos de negocio. En entornos de incertidumbre, automatización y cambio climático hay que pararse a pensar y decidir si lo que ha funcionado en el pasado nos sirve para el futuro, que además se declina en condicional y es muy volátil.

Ahora vamos a explicar en detalle las propiedades del *Liderazgo Ético*, para el cambio de misión y visión de Recursos Humanos, y así poder aplicarlas a todos los empleados.

7. LAS OCHO PROPIEDADES DEL LIDERAZGO ÉTICO

Como hemos visto a lo largo del libro, para convertir a Recursos Humanos en Netflix y cambiar la misión y visión, solo se puede hacer a través de las propiedades del *Liderazgo Ético*, convirtiéndose en la condición necesaria para hacer crecer el modelo de negocio de forma exponencial y sostenible, en todos los agentes de interés, y teniendo en cuenta los procesos de automatización y cambio climático.

Uno de los grandes problemas que vengo observando en todas las teorías de liderazgo es que solo se aplica a una parte de los empleados: a los JEFES. ¿No es necesario ampliar las propiedades a cualquier empleado, no solo en función de su jerarquía? Si el liderazgo es la pauta de comportamiento que determina la toma de decisiones y, en definitiva, todas las acciones, tiene que ser compartido y asimilado por todos los empleados de una empresa. Si solo innovan o se anticipan los JEFES, nos perdemos parte de toda la transformación y diversidad que necesitan los negocios. Además, no tendremos a todos los empleados alineados y surgirán muchas fricciones. Las propiedades del liderazgo solo funcionan si se ejercen de forma conjunta y bidireccional, no en su ejercicio individual, sino en el ámbito grupal y social. Si queremos que los negocios crezcan de manera exponencial y sostenible, es la única forma de conseguirlo.

Y aquí entra de lleno la ética, que además de los códigos éticos y valores, es la que regula el comportamiento social de todos los empleados, y por esta razón debería colocarse por encima de la psicología, porque va más allá del análisis del comportamiento individual. La mayoría de las empresas se han conformado con alcanzar un liderazgo de códigos éticos basado en unos valores establecidos desde el Comité de Dirección.

En este capítulo vamos a definir en primer lugar qué significa el *Liderazgo Ético*, y cómo activar las propiedades claves para hacer crecer los negocios, así como las técnicas para aplicarlo a todos los empleados y en coherencia con todos los agentes de interés.

QUÉ ES LIDERAZGO ÉTICO

El *Liderazgo Ético* es un sistema integral y coherente de comportamiento con todos los agentes de interés: empleados, clientes, proveedores, accionistas y sociedad, y tiene ocho propiedades básicas: *Anticipación e Innovación Radical, Comunicación y Transparencia Radical, Confianza, Ejemplaridad, Pensamiento Crítico, Personalización, Sostenibilidad y Tecnología.*

Voy a definirlo de una forma muy simple: el liderazgo es la fuerza para la acción que se necesita, tanto para barrer como para dirigir un ejército o presidir un país. Tiene que ver con el *propósito* de la acción y además tiene que ser coherente con todos los agentes de interés. Sucede siempre en el horizonte de la ética (lo bueno, lo malo, lo justo, lo injusto, lo verdadero y lo falso), de lo social, y no del comportamiento individual. Por esta razón, Recursos Humanos, como hemos visto, debería ser el espacio no solo de la psicología, pues también hay emociones y sentimientos, sino, sobre todo, de la ética.

Si repasamos las virtudes éticas de Aristóteles, poca evolución ha habido respecto a las teorías de liderazgo del siglo XXI. Las virtudes éticas, según él, son adquiridas a través de la costumbre o el hábito y consisten fundamentalmente en el dominio de la parte irracional del alma (sensitiva) y regulan las relaciones entre las personas. Las virtudes éticas más importantes son: *la fortaleza, la templanza y la justicia.* Vemos como se asemejan a los tres valores de uno de los grandes bancos españoles: «justo, sencillo y personal». La filosofía siempre está detrás, aunque no nos demos cuenta.

Por otro lado, términos como «deliberar» o «pensar» son conceptos que se han eliminado de las teorías de liderazgo en los últimos años. Parece que entorpecían el desarrollo, la consecución de los fines y de los objetivos de las empresas. Y como hemos podido observar, el Pensamiento Crítico es una de las ocho propiedades clave para la transformación del liderazgo y debe considerarse como el punto de partida previo a cualquier toma de decisiones y modelo de actuación. Según Warren Bennis, uno de los mayores expertos en teorías de Management y Liderazgo, en su libro *On Becoming A Leader* (1989) resume los ingredientes básicos del liderazgo en seis aspectos: *visión, pasión, integridad, confianza, curiosidad y osadía*. Un enfoque psicológico. Si revisamos los últimos treinta años, todas las teorías de liderazgo proponen una y otra vez los mismos ingredientes, con algún cambio de nombre para adaptarse a los nuevos entornos. Competencias como *empatía, resiliencia* o *inteligencia emocional* centran la gestión del empleado desde su dimensión individual, y no desde la perspectiva del comportamiento social, la de la ética. Sin embargo, las propiedades del liderazgo no cambian tan rápido como deberían. Fenómenos como COVID-19 han removido algunos cimientos, y se necesita el impulso de Recursos Humanos para asegurar de una vez por todas que todo empleado que no cumpla con las ocho propiedades del *Liderazgo Ético* deteriora de forma grave no solo el trabajo en equipo, sino sobre todo al negocio y a todos los agentes de interés. Veamos algunos ejemplos de cómo perjudica no hacerlo:

Propiedad de Comunicación y Transparencia Radical: un JEFE o cualquier empleado que no comparta de forma instantánea la información crítica de negocio no solo favorece la aparición de rumores y pérdida de tiempo entre todos los empleados, adivinando que va a suceder, sino que incentiva que las personas que tienen que tomar decisiones, se equivoquen.

Otro ejemplo, relacionado con la propiedad de Sostenibilidad: un empleado que no actúe ya pensado que la automatización y el cambio climático van a impactar de lleno en la estrategia de negocio, no solo será un ignorante, sino que llevará a la empresa a la quiebra y al resto de los empleados al desempleo. Veamos algunos ejemplos de empresas que se anticipan al Futuro del Trabajo: Amazon se convierte en la mayor empresa compradora de energía renovable del mundo. BBVA reducirá a cero su exposición a actividades relacionadas con el carbón, dejando de financiar a empresas en esas actividades. La consultora EY identifica un millar de proyectos verdes en la Unión Europea, que podrían generar dos millones de empleos. Endesa ha firmado recientemente operaciones financieras gracias a las cuales, el 100% de su deuda con entidades externas está vinculada a criterios medioambientales.

Recuerda, el mundo ya había cambiado antes de COVID-19, y la visión y misión de Recursos Humanos también deberían haberlo hecho.

PROPIEDADES DEL LIDERAZGO ÉTICO

El modelo de *Liderazgo Ético* que propongo está basado en ocho propiedades que deben aplicarse a todos los empleados, solo de esta manera, conseguiremos un comportamiento social, y no la suma de comportamientos individuales:

Anticipación e Innovación radical	Pensamiento Crítico
Comunicación y Transparencia radical	Personalización
Confianza	Sostenibilidad
Ejemplaridad	Tecnología

Este modelo identifica las ocho propiedades clave para los empleados de cualquier empresa y permite crear un sistema integral de comportamiento coherente con todos los agentes de interés: empleados, clientes, proveedores, accionistas y sociedad. Y este cambio es lo que debe impulsar y desarrollar Recursos Humanos. Recuerda que uno de los errores más habituales es aplicar las propiedades del liderazgo solamente a los JEFES, y no a todos los empleados. Estas propiedades no son nuevas. Son las mismas que se han repetido una y otra vez en todos los manuales de liderazgo: solo nos faltaba convertir a Recursos Humanos en Netflix para poder aplicarlas. No necesitamos pensar nuevos valores ni nuevas actitudes de liderazgo, ni ponerle etiquetas tipo 1.0 o 3.0. Solo hay que convertirlas en hábitos y adaptarlas al transcurrir de la incertidumbre y de los cambios, y ser muy estrictos en el cumplimiento del empleado que no se ajuste a esas propiedades.

Según Adela Cortina en su libro *Ética de la empresa, claves para una nueva cultura empresarial* del año 2000, las cualidades necesarias para un *Liderazgo Ético* son: «el saber actuar, la agilidad, la capacidad de proyectar e ilusionar con sus proyectos, la habilidad para colocar a los miembros de la empresa en el lugar oportuno, la imaginación, la capacidad de innovar para adaptarse mejor a una realidad siempre cambiante». Como podemos observar, las propiedades no son nuevas y están en el fondo de cualquier empleado, y tampoco van ligadas a un cargo ni a una jerarquía. Como las virtudes aristotélicas, se adquieren mediante el hábito o la práctica. Por otro lado, solo se aprenden con el ejemplo, y por ese motivo no acaban nunca de implantarse, porque la teoría del liderazgo nos la sabemos, pero hay que practicarla, y para ello necesitamos no solo un comportamiento individual, sino un escenario social, que es el que proporciona la ética.

En definitiva, el liderazgo tiene que evolucionar y adaptarse de forma constante, por eso se intensifican algunas de sus propiedades con los procesos de automatización y cambio climático. No hay empleados *buenos* o *malos*, hay empleados que no saben adaptarse y se aferran a unos comportamientos que ya no son útiles para los entornos de incertidumbre y tecnológicos. Y, por último, el liderazgo no va asociado a una jerarquía, sino que es la fuerza que empuja la acción y el comportamiento de cualquier empleado. El *propósito*, el *para qué* hacemos el trabajo, no solo el *cómo*, que es el enfoque psicológico de las competencias, será fundamental para hacer crecer los negocios de manera exponencial y sostenible.

Solo se puede lograr que Recursos Humanos sea como Netflix impulsando las propiedades del *Liderazgo Ético* en todos los empleados y para realizarlo, vamos a describir cada una de ellas.

ANTICIPACIÓN E INNOVACIÓN RADICAL

Para realizar el cambio de misión y visión, Recursos Humanos necesita anticiparse y practicar la innovación radical. En los entornos de incertidumbre, automatización y cambio climático, la anticipación no solamente significa una ventaja competitiva para el negocio sino, en muchos casos, la supervivencia. Si a finales del 2019 solo un 35% de las pymes en España tenían página web, entonces COVID-19 no es el culpable de la desaparición de muchos pequeños negocios, sino la falta de previsión, junto con la mirada al pasado de hábitos de consumo y el lastre del «esto siempre se ha hecho así y funciona». Si el Empleo Verde relacionado con proyectos de los sectores de energía, construcción, transporte, industria y uso del suelo puede generar dos millones de empleos según la consultora EY, ¿no debería, desde ya, orientar Recursos Humanos toda la fuerza de trabajo hacia las posiciones con más demanda? Para anticiparse se necesita experiencia en campos muy diferentes. Recuerda que normalmente se pide a los candidatos experiencia en el mismo sector o en las mismas funciones y adaptarse rápido a los cambios. Saber girar el timón a tiempo es fundamental para que no se *caiga* ningún empleado. Porque hay muchos jefes y negocios que se van a estrellar y lo saben.

En cuanto a la innovación, no siempre implica un cambio, sino pararse a pensar dónde va a *estar la pelota* en el campo de juego, y para ello se necesita tener conocimientos muy diferentes de disciplinas y sectores distintos y, sobre todo, la valentía para tomar decisiones arriesgadas. Por eso tiene que ser radical, que significa extremo o desde la raíz. Innovación está ligada a la creatividad y necesariamente incluye la osadía de conectar dos cosas que aparentemente no tienen nada que ver y de atreverse a pensar de forma diferente. El *pensamiento lógico* y la *capacidad analítica* no son propiedades de la *creatividad*. Los descubrimientos más importantes no solo derivan de manera lógica del conocimiento ni de la experiencia previa. De la misma forma, si queremos innovar y sorprender, la *creatividad* implica saltarse las reglas de lo que «siempre se ha hecho de la misma manera». En tiempos de incertidumbre, automatización y cambio climático, ¿se necesitan empleados creativos o con *capacidad analítica*? Esta última es la habilidad para descomponer sistemáticamente un problema complejo en sus elementos más simples y así, obtener las mejores soluciones. ¿No es esto lo que hace ya cualquier algoritmo? La innovación implica salir del problema para mirarlo de lejos y tener una perspectiva panorámica. Los nuevos entornos de trabajo *desgastan* unas competencias y demandan otras propiedades diferentes que se tienen que empezar a cambiar desde los sistemas educativos. ¿Se les enseña a los niños a ser creativos o a memorizar contenidos?

La primera propiedad del Liderazgo Ético, la Anticipación e Innovación Radical, incluye las siguientes características: *pensamiento lateral, flexibilidad, riesgo, intuición y debriefing.*

PENSAMIENTO LATERAL: Consiste en enfocar los problemas en la búsqueda de soluciones sin ningún tipo de limitaciones y utilizando la *creatividad.* No podemos anticiparnos ni innovar, si no dedicamos tiempo a observar sectores o disciplinas que no tengan relación con nuestra actividad diaria. Esto significa conectar dos cosas que aparentemente no tienen nada que ver y observar el comportamiento de los usuarios en otros sectores. En definitiva, buscar siempre la inspiración en lo diferente. Se necesita una *innovación radical* para un cambio constante, es el efecto Netflix de los estrenos. Queremos ver novedad permanente, capítulos de menor duración y muy variados en el contenido.

FLEXIBILIDAD: Consiste en la facilidad que tiene un material para doblarse sin romperse. La mayoría de las empresas fracasan, o pierden parte de su negocio, cuando su sector cambia. Y ahora los cambios se suceden de forma muy rápida y siempre llevan tecnología. De COVID-19 se ha dicho que era un *cisne negro,* un fenómeno que aparece por sorpresa, sin que nadie lo hubiera anticipado. Sin embargo, del cambio climático sí tenemos muchos informes y está provocando que muchas empresas tengan que virar la estrategia 180 grados a babor, y con ello, todos los puestos de trabajo.

La siguiente característica es el RIESGO, y consiste en no tener miedo a cometer errores. Y la Anticipación e Innovación Radical implica asumir riesgos. Ahora, más que nunca, no se necesita solo innovación, sino innovación constante (no cambia la propiedad, cambia el modo), porque el entorno avanza más deprisa, y el comportamiento de los usuarios viene impregnado con esencia de instantaneidad y novedad radical. El riesgo lleva implícito la posibilidad de equivocarse muchas veces, pero también de triunfar otras muchas. Las reglas, políticas y procedimientos son como los corsés, además de que aparentan lo que no es: cintura de avispa. Si se diseñan normas, es para uniformar y para eliminar esos matices de cada uno de los empleados que tanto enriquecen al negocio.

El riesgo está ligado a la INTUICIÓN, otra de las características de esta propiedad. Es la facultad de comprender las cosas instantáneamente, sin necesidad de razonamiento. Una percepción íntima y repentina de una idea o una verdad que aparece como evidente a quien la tiene. Muchas veces la intuición contradice al pasado, a la razón y a los datos, a «lo que siempre se ha hecho así». Por eso la necesitamos para este manual de futuro de Recursos Humanos.

Por último, es necesario hacer *DEBRIEFING*. Es un proceso estructurado que sigue a cualquier plan y que revisa las acciones llevadas a cabo. Siempre se dice que de los errores se aprende, pero es una *Fake News*, porque nunca hay tiempo para hacer una revisión de lo que ha pasado. Los errores y las equivocaciones sirven para no volver a cometer los mismos fallos, no para ocultarlos debajo de un cajón. Y, sobre todo, para no trabajar en la dirección equivocada y fatigarse demasiado. Hay JEFES que repiten una y otra vez los errores de algún empleado en público, en lugar de analizarlos. «Ya os dije yo», «si me hubiera hecho caso...», etc. Estos comentarios revelan un estilo de liderazgo clásico, basado en la premisa de que el que más sabe es el que tiene más jerarquía. Estos comportamientos son el mejor exterminador de todas las propiedades de liderazgo y provocan que el resto de los empleados ni siquiera lo intenten. A partir de ahora, siempre que escuchemos una frase de este estilo, sabemos cómo detectarlo y eliminar este comportamiento.

Si aplicamos la propiedad de Anticipación e Innovación Radical a los procesos de selección y reclutamiento, Recursos Humanos tendría que saber diagnosticar cuantas dosis de EMPLEADOS MEDIOCRES necesita y cuanta cantidad de SUPERTALENTO, no solo para el presente, sino sobre todo para el Futuro del Trabajo. La cultura de Netflix establece que es mejor tener una superestrella que dos EMPLEADOS MEDIOCRES. Hay que pensar siempre, antes de atraer a un candidato, en el *para qué* y no solo en el proceso. Para realizar tareas con un alto contenido administrativo y repetitivo no se necesita SUPERTALENTO. Para innovar de verdad, para cambiar de rumbo, sí se necesita;

para cuestionar lo que se hace siempre de la misma manera, sí se necesita, y, además, en todos los niveles, no solo en los JEFES. ¿Cómo pueden ser los procesos de selección iguales que hace veinte años, con las mismas preguntas, si tenemos toda la información disponible sobre candidatos? Cuestiones como: «¿Me puedes decir tus tres puntos fuertes y débiles?», deberían eliminarse ya de todos los manuales de selección. El candidato siempre da las mismas respuestas. ¿Desde cuándo «ser perfeccionista» es un área de mejora? La innovación en las ofertas de empleo se ha centrado en las herramientas de difusión, pero, si se revisan los requisitos de lo que se solicita, en casi todas las empresas, son los mismos que hace veinte años añadiendo un poco de *botox*: capacidad de trabajo en equipo, proactividad e iniciativa, orientación al cliente y a resultados. En definitiva, lo mismo de siempre, para un mundo que ya ha cambiado.

Este libro solo tiene como objetivo que Recursos Humanos cuestione lo que se hace de la misma manera a lo largo del tiempo. Y para ese cambio no solo necesita tecnología sino, sobre todo, aplicar las propiedades del *Liderazgo Ético*. ¿Por qué no revisar todo el proceso, no solo las herramientas que se utilizan? ¿Por qué se utilizan las mismas pruebas psicotécnicas para medir las mismas habilidades que hace veinte años si el negocio y la sociedad demandan nuevas competencias? Como hemos visto en el capítulo 4, «Las competencias de futuro no se parecen a la Capacidad Analítica», la automatización y el cambio climático hacen necesario una revisión de estas y de las herramientas que las miden. Si queremos atraer al SUPERTALENTO, antes de diseñar una sofisticada campaña de *Employer Branding* hay que preguntarse, ¿para qué se necesita? Y creo que ya tienes la respuesta. Sobre todo, para hacer crecer los negocios de manera exponencial y sostenible. Hay que entender en profundidad qué necesita el negocio y el departamento que solicita la vacante en el corto y medio plazo. Reflexionar sobre lo que realmente va a requerir esa posición, no solo para el momento inicial, sino para el *Futuro del Trabajo*. Recursos Humanos debería anticiparse, saber dónde están las necesidades del negocio, del sector, diseñar planes de atracción, no para el presente, sino para los próximos años. Si Amazon se convierte en la mayor empresa compradora de energía renovable del mundo, va a necesitar a expertos en esa área. Si Recursos Humanos aplica esta propiedad del liderazgo, será capaz de anticiparse a este cambio, y podrá orientar a los empleados hacia esas posiciones y atraer al SUPERTALENTO. Según el Informe de la Fundación COTEC *Innovación Situación y Evolución de la Economía Circular en España*, los empleos relacionados con la gestión de residuos permitirán crear 580 000 nuevos puestos de trabajo sostenibles. El trabajo se va a declinar en los objetivos y metas de la Agenda 2030. ¿Qué soluciones se pueden dar a los puestos de trabajo que van a quedar impactados por los procesos de transición energética? El concepto de transición energética se define, por lo general, como un cambio estructural a medio y largo plazo en los sistemas energéticos. Las tecnologías disponibles son: el combustible nuclear (uranio) y las fuentes de energía renovable eólica, hidroeléctrica, solar, geotérmica y marina. Espero que este libro te ofrezca algunas preguntas para empezar a pensar.

Si tuviera que elegir una de las acciones para poder cambiar la misión y visión de Recursos Humanos creo que empezaría por la revisión de todas las descripciones de puestos. De aquí derivan las relaciones con los empleados, y para ello necesitamos anticiparnos y mirar al futuro y, sobre todo, estar muy centrados en el negocio para saber lo que se va a demandar.

Para dar un ejemplo de cómo aplicar la propiedad de Anticipación e Innovación Radical vamos a hablar de la *desconexión digital*, porque es justo lo contrario a la flexibilidad, una de las características de esta propiedad. Es un ejemplo claro que muestra que en la mayoría de las ocasiones se imponen reglas, en lugar de corregir *malos* comportamientos. No siempre se necesitan normas, sino eliminar un modo de actuación que no es sostenible para el negocio. ¿Para qué agente de interés es beneficiosa la *desconexión digital*? Para el cliente, acostumbrado a un modo de consumo 24/7 (veinticuatro horas, siete días a la semana), seguro que no. Para los accionistas, seguro que tampoco. ¿Beneficia de verdad esta medida al empleado o es otra *Fake News*?, ¿o esconde a un JEFE MEDIOCRE que no cumple con el *Liderazgo Ético*? Esta propiedad permitirá eliminar comportamientos de empleados que no favorezcan el crecimiento de los negocios y el diseño de medidas que perjudiquen a alguno de los agentes de interés.

Si por último aplicamos la propiedad a los procesos de desvinculación, la anticipación para saber qué puestos de trabajo van a tener mayor demanda permitirá generar en los empleados una *Empleabilidad Sostenible*. Los sectores relacionados con las energías no renovables, como en el caso de la minería o combustibles fósiles como el petroléo, conocen desde hace tiempo que la mayoría de los puestos de trabajo no se pueden mantener, y por ese motivo es tan necesaria la formación y *reskilling* hacia los empleos o sectores con mayor demanda. En definitiva, *no empeñarse en hacer surf, si no hay olas.*

Esta primera propiedad proporciona a Recursos Humanos la capacidad para poder anticiparse a los cambios e innovar de forma radical, cuestionándose lo que siempre se ha hecho de la misma manera. La siguiente propiedad del *Liderazgo Ético* es la Comunicación y Transparencia Radical, y nos introduce de lleno en un área de mejora recurrente en las empresas y que es clave.

— ¿Por qué no se revisan de forma radical las descripciones de las ofertas de empleo y de los puestos de trabajo?

— ¿Se piensa en los candidatos que necesita el negocio actual o el futuro?

— ¿Por qué se forma una y otra vez en los mismos cursos a los empleados? Excel, inglés, gestión del tiempo, liderazgo, etc. ¿Será porque no aprenden o porque desde Recursos Humanos no se innova y se piensa en el pasado del trabajo, en lugar de en el futuro? Recuerda que este libro es un manual de futuro para el presente.

— ¿Para qué se necesitan los KPIs[5] de formación? ¿Para conocer las métricas? ¿De qué sirve conocerlas si luego no se actúa sobre ellas? ¿Los cursos de formación enseñan o transforman los hábitos de comportamiento?

— Si la estrategia del negocio cambia, ¿se necesitan los mismos empleados? Un diseñador de campañas de *marketing offline* extraordinario, excelente en su desempeño, ¿es válido si el negocio ya es 100% *online*?

---

5   Los KPIs (*key performance indicator*) son indicadores clave de rendimiento que se utilizan para evaluar el éxito de las acciones y/o procesos en la medida en que estos contribuyen a la consecución de los objetivos, para determinar si están resultando beneficiosos o es necesario realizar correcciones.

— ¿Por qué Recursos Humanos no prepara con anticipación a los empleados para un posible proceso de desvinculación de la empresa? Hay que tener como *propósito* que, si a un empleado le despiden mañana, tenga la mayor empleabilidad. Recursos Humanos tiene una gran responsabilidad con los empleados que se van a desvincular.

— ¿Se prefiere un candidato con un currículum normal o un currículum azaroso?

IDEAS *TAKEAWAY*, SOLUCIONES PARA IMPLEMENTAR DE MANERA SIMPLE Y RÁPIDA

— Para saber si un candidato tiene *flexibilidad*, pregunta en una entrevista de selección para un puesto de marketing: «Si dentro de cinco meses te cambio al departamento de finanzas, ¿tendrías los conocimientos? ¿Te gustaría? ¿*Para qué* te serviría?».

— Diseña un plan de Rotación Obligatoria de departamento, de jefe y de equipo. Este tipo de acciones evitan el *colegueo* y fomentan la innovación y la creatividad.

— Párate a pensar quince minutos al día dónde va a estar el modelo de negocio de la empresa y cómo van a quedar impactados todos los puestos de trabajo, y qué acciones vas a poner en marcha para llevarlo a cabo.

Dilemas éticos para argumentar

— Para innovar y hacer crecer el negocio de manera exponencial se necesita SUPERTALENTO. Si en tu empresa hay muchos empleados MEDIOCRES, ¿los vas a despedir o los vas a mantener?

SEGUNDA PROPIEDAD:

COMUNICACIÓN Y TRANSPARENCIA RADICAL

Para realizar el cambio de misión y visión, Recursos Humanos necesita implementar de una vez por todas una Comunicación y Transparencia Radical con todos los empleados. Por mi experiencia, en los resultados de casi todas las encuestas de clima laboral, la comunicación siempre aparece como área de mejora. Y no me refiero a la información que sale en la *newsletter* o en el portal del empleado. ¿Por qué no se habla de todos los temas verdaderamente importantes para los empleados de forma transparente? ¿Por qué los empleados no expresan con sinceridad lo que piensan? ¿Por qué Recursos Humanos lo sabe y no hace nada para cambiarlo? En una reunión cualquiera, virtual o presencial, normalmente los empleados no hablan, salvo que se les pregunte. No lo hacen por miedo a equivocarse, o por temor a exponer un planteamiento diferente al que el JEFE o al que la empresa está proponiendo. De esta reflexión me surge otra pregunta, ¿por qué se equivoca un empleado? Casi siempre, como hemos visto, por falta de información, por anticiparse demasiado o por falta de conocimientos.

El gran cambio que debería acometer Recursos Humanos respecto a esta propiedad del *Liderazgo Ético* no solo consiste en incorporar más tecnología, sino en apostar por la *transparencia*. En los últimos diez años se han multiplicado las herramientas para comunicar, pero no han cambiado apenas ni los contenidos que se comparten ni la unidireccionalidad de la información. Ahora viaja por los pasillos con WhatsApp, a la velocidad de la luz. Memorias, circulares, manual del empleado, tablón de anuncios, buzón de sugerencias presencial o virtual, resumen de prensa diario, portal del empleado, aplicaciones de mensajería instantánea... Sin embargo, los contenidos que se comunican apenas han cambiado y la información clave sigue *escondida* en los despachos más altos. Tener información todavía significa tener poder.

La propiedad de Comunicación y Transparencia Radical es la que más ha cambiado con la llegada de Internet y, sin embargo, en las empresas se sigue ocultando la información clave de forma deliberada. Si un empleado desconoce todos los datos de la estrategia, ¿podrá desempeñar su trabajo en la dirección correcta? Quizás a corto plazo sí, pero no a medio y largo plazo. ¿Por qué se oculta la información clave? En primer lugar, porque «siempre se ha hecho así», y, en segundo lugar, porque no se confía en los empleados. La Confianza será la tercera propiedad del *Liderazgo Ético*.

Respecto a las políticas de comunicación, a pesar de todas las herramientas que se lanzan, el flujo de la comunicación sigue siendo unidireccional o bidireccional, y con mucho *desfase*. La información que necesitan los empleados para estar comprometidos no sale en las *newsletter*. Recursos Humanos debería poner el foco en una *comunicación radical*, que genere impacto e influencia y compromiso en todos los empleados. A través de esta propiedad es como se puede conseguir el verdadero sentido de pertenencia. Ya no valen los mensajes y servicios unidireccionales, masivos y no personalizados de las marcas. Este cambio, es lo que significa ser como Netflix. Porque no comunicar en tiempo real al empleado la verdadera estrategia, los fallos y los aciertos del negocio, significa, primero, que desde las empresas no se confía en los empleados ni en el uso de la información que van a hacer, y lo segundo y más importante, que es más probable que los empleados se equivoquen y trabajen muchas más horas, y en la dirección errónea, ya que desconocen la información clave del negocio.

La comunicación lleva asociada la propiedad de *transparencia*, que significa claro, evidente, que se comprende sin duda ni ambigüedad. Significa también no ocultar cuando un empleado falla. Hay que mostrar los errores y las grandes equivocaciones de los JEFES, y no castigar al que se confunde o hace una crítica. Si no se dice lo que verdaderamente se piensa en una reunión, a quien más perjudica no es a los JEFES, sino al propio negocio. Por este motivo, todos los empleados deberían fomentar la *transparencia*, una de las propiedades del *Liderazgo Ético*, y en especial desde Recursos Humanos. La segunda propiedad del *Liderazgo Ético*, la Comunicación y Transparencia Radical, incluye las siguientes características: *impacto e influencia y credibilidad.*

IMPACTO E INFLUENCIA: No solo hay que comunicar, sino que hay que ir un paso más allá y dejar huella, provocar un *golpe* emocional, no solo publicar noticias, premios y reconocimientos. Esta característica se ha demandado con frecuencia a los jefes. Sin embargo, ¿cuántos empleados tienen más influencia en el comportamiento de los demás que los JEFES? Es un poder no visible, pero si detectable. Esta característica ahora solo es válida si se aplica dentro y fuera de la empresa. Hay muchos JEFES y empleados que tienen mucho impacto e influencia solo a nivel interno, pero eso no sirve para hacer crecer los negocios de forma exponencial y sostenible. Reconocer el trabajo de los demás significa *dar likes*[6] dentro y fuera. Y para ello, el uso de las redes sociales cambia, no solo el canal, sino la dimensión del impacto. Se ha incorporado de golpe la transparencia a las empresas, pero está matizada, porque quien publica no *cuenta* verdades, sino un discurso políticamente correcto. ¿Se ven muchos comentarios de empresas mostrando los errores que han cometido? ¿Daría más credibilidad o

---

6   Un *like* (me gusta, en español) es una característica incorporada en redes sociales y otras plataformas online que permite al usuario dar un *feedback* positivo a cualquier tipo de contenido, y de esta forma conectar con aquello que les interesa.

menos? Las redes han supuesto para muchos JEFES el efecto «traje del emperador». Si un candidato valora el impacto, la influencia y su marca personal[7], mira antes en LinkedIn u otras redes el perfil del jefe que va a tener y, si no está o no le ha aceptado la invitación, ya sabe de antemano que en esa empresa no se valoran esas competencias. El tiempo medio que dedicamos a las redes sociales de forma diaria sigue aumentando. Si uno de cada tres usuarios declara que las marcas que tienen un perfil activo les generan más confianza, debemos preguntarnos si los empleados se fían más de lo que transmite una marca o de lo que dice un empleado de la marca. El triunfo de los entornos digitales consiste en que cada persona puede generar su propio contenido, su propia historia, sus fotos, sus videos y Recursos Humanos, sin embargo, sigue con el mismo sistema de comunicación unidireccional. Solicitando al departamento de Comunicación contenidos asépticos, sin emoción, planos y que no generan impacto. Las informaciones que se generan en el portal del empleado ¿son atractivas?, ¿para qué necesito un portal de empleado?, ¿cuántos suscriptores tienen los contenidos que se generan desde Recursos Humanos?, ¿qué comunicación tiene más *likes* en las *redes sociales*, una publicación de un empleado o la que procede de Recursos Humanos?, ¿por qué no se aprovechan los empleados *influencer*[8] o las fotos en lugar de utilizar las de los «bancos de imágenes»?

---

7   La Marca Personal es la manera en que te perciben el resto de personas gracias a cada acción que llevas a cabo, comunicas y transmites a diario tanto en el entorno digital como *offline*.

8   Un *influencer* es una persona que, de algún modo, ha logrado

La siguiente característica de la propiedad de Comunicación y Transparencia Radical, es la CREDIBILIDAD de quién emite el mensaje, y está muy relacionada con la anterior. La comunicación de los *Communities Managers*[9] resuena vacía, hueca, sin propósito. Y casi siempre es porque les falta la verdadera información, el *para qué* de lo que transmiten, además, en muchos casos, de la forma de contarlo o *storytelling*[10]. Si tiene más impacto la comunicación directa de un empleado, que el *enlatado* y lleno de tópicos discurso de las empresas, ¿por qué no se cambia de una vez?, ¿da miedo dejar hablar a los empleados sin control en las redes sociales? Comunicar en ese espacio exige tiempo, pero el retorno genera impacto e influencia. No estar en la conversación que se genera significa quedarse al margen del funcionamiento de la sociedad y de los hábitos de consumo. ¿No es el nuevo ágora? En las antiguas ciudades griegas, era la plaza pública. Los lugares de reunión o discusión y la comunicación e interacción por las redes sociales no son una moda, cambiarán, se crearán nuevas, pero han democratizado para siempre el protagonismo del empleado frente a las empresas. Si el negocio y los clientes están ya en estas *pla-*

---

destacar en los canales digitales, especialmente en las redes sociales, como Facebook o Instagram, así como en plataformas de vídeo como YouTube.

9   El *Community Manager* es la persona responsable de construir y administrar la comunidad online y gestionar la identidad y la imagen de marca, creando y manteniendo relaciones estables y duraderas con sus clientes, sus seguidores, en internet.

10   Jacobo Feijóo *Storytelling, La Ciencia de crear con el relato* (ed. Almuzara, 2021, en esta misma colección).

zas, ¿por qué Recursos Humanos es reacio a utilizarlas? De hecho, en muchas empresas está restringido su uso. ¿Estar en LinkedIn durante el horario de trabajo es ocio o negocio? Dedicar una hora diaria a la creación de la *marca personal,* ¿beneficia más a la empresa o al empleado?

Si aplicamos esta propiedad a los procesos de selección y reclutamiento, Recursos Humanos debería informar a los candidatos, con transparencia radical, sobre cómo funciona la empresa *de verdad* y sin *Fake News.* Transmitirle, con sinceridad, cuál es el clima laboral real, junto con la *verdadera* estrategia de negocio, y así evitar que el futuro empleado se sienta frustrado cuando descubre cómo es *realmente* la empresa.

Si aplicamos esta propiedad a los procesos de desarrollo profesional, Recursos Humanos debería impulsar técnicas de motivación relacionadas con el reconocimiento externo en las redes sociales. Un *like* es un premio *desde dentro y hacia fuera,* tiene un impacto interno y, sobre todo, externo y para todos los agentes de interés. Por ese motivo, la motivación de un empleado también se incrementa de forma exponencial cuando un jefe le da un «me gusta» en las redes sociales, ya que está reconociendo el trabajo de esa persona delante de clientes, proveedores, accionistas y la sociedad. Todos los empleados deberían tener la capacidad de comunicar ligada al impacto. Saber comunicar —y el código para las redes sociales, como hemos visto anteriormente, es diferente—, es saber *enamorar.* Los empleados que generan *impacto e influencia* deberían ser los más valorados, pero esta competencia está tradicionalmente ligada a los JEFES. ¿Un programador debe tener capacidad de comunicación y generar impacto e influencia? Un operario cualificado o un técnico de contabilidad, ¿deben tener capacidad de comunicación y generar impacto e influencia? Lo que nos enseña el Pensamiento Crítico y el objetivo de este libro es que antes de responder es bueno pararse a pensar, hacerse preguntas, cuestionar el modelo de lo que ha funcionado en el pasado, y si es lo mismo que necesita el Futuro del Trabajo y los negocios para crecer de forma exponencial y sostenible.

Si por último aplicamos esta propiedad a los procesos de desvinculación, Recursos Humanos debería comunicar con transparencia y antelación los despidos. Si todos los empleados conocen la estrategia de forma clara y el foco del negocio, sabrán cómo orientar rápidamente las funciones hacia los sectores o trabajos con más demanda y además habrán sabido cómo desarrollar la *marca personal.*

Esta segunda propiedad proporciona a Recursos Humanos la capacidad para poder comunicar con impacto e influencia, cuestionándose no solo los mensajes que emite, ni las herramientas, sino también el emisor. La *credibilidad e influencia* le otorgará *autoridad* frente solo el poder que da «tener información». La siguiente propiedad del *Liderazgo Ético* es la confianza, piedra angular para conseguir el *compromiso,* eterno Santo Grial de Recursos Humanos.

Preguntas para pensar sobre la propiedad de comunicación y transparencia radical

— ¿Se es consciente del impacto de no responder a un candidato que está postulando a un proceso de selección?

— ¿Por qué se equivoca un empleado? ¿Por falta de información? ¿Por miedo a equivocarse?

— ¿Por qué se oculta a los empleados la información estratégica? ¿Qué pasaría si se dejara de hacer?

— ¿Se necesita un departamento para comunicación externa e interna, o se tiene que incorporar en las funciones de todos los empleados?

— ¿Estar en LinkedIn durante el horario de trabajo es ocio o negocio?

— ¿Se podrían publicar los sueldos de todos los empleados?

— Revisa las descripciones de puestos e incorpora en todas las funciones de comunicación interna y externa. Mide lo que aporta cada empleado en las redes sociales y lo que aporta al negocio de la compañía.

— Publica de forma semanal los cursos que hacen todos los empleados. Como las series de Netflix, los de más éxito, serán los más demandados.

— Diseña un plan de reconocimiento externo para empleados en redes sociales. La *marca personal* es una de las claves de la *Empleabilidad Sostenible* y debe fomentarse desde Recursos Humanos.

— Retransmite vía *streaming* las reuniones del Comité de Dirección. Quién llega tarde, quién está todo el tiempo mirando el teléfono móvil, quién participa, quién dirige la reunión, cumple la agenda y los tiempos. De esta medida, no solo es interesante para los empleados acceder al contenido de la información sino, sobre todo, por el comportamiento y la interacción social que transmiten los JEFES.

— Publica el presupuesto y los gastos de cada departamento. Comunica el porqué de cada una de las cantidades.

— Haz un listado de *excusas* por las que no se incrementa el grado de *transparencia* en las empresas. Por ejemplo: «nunca se ha hecho». ¿Se podrían publicar los sueldos de todos los empleados? ¿Por qué no? Si se tiene claro que sería una medida beneficiosa, cuestiona por qué no se ha hecho nunca y qué cosas deberían cambiar para poder llevarlo a cabo. Atrévete a proponérselo a los JEFES.

Dilemas éticos para argumentar

— ¿Debo dejar comunicar a los empleados en las redes sociales de forma transparente o establecer límites a lo que puedan decir? ¿Dejo hablar con *libertad* a los empleados o defino unas políticas?

— Si un empleado tiene más *impacto* e *influencia* que la marca en la que trabaja pero publica contenidos que no son coherentes con las políticas de Recursos Humanos, ¿le limito las intervenciones o le dejo *libertad*?

— Dedicar una hora diaria a la creación de la *marca personal*, ¿beneficia a la empresa o al empleado? ¿Lo que beneficia al empleado no debería ser lo mismo que para la empresa y viceversa?

TERCERA PROPIEDAD:

CONFIANZA EN LOS EMPLEADOS

Para realizar el cambio de misión y visión, Recursos Humanos necesita empezar a considerar a los emplea-dos como adultos y no como niños. Diseñar menos polí-ticas y dar más libertad. Los procedimientos son defini-dos por los JEFES y consisten en principios, directrices, formas de pensar y de actuar, que tienen que ser acep-tadas y cumplidas por el resto de los empleados. Las políticas unifican los comportamientos y *penalizan* la diferencia.

Recursos Humanos ha centrado su misión en el diseño y ejecución de políticas y procedimientos, lo que significa que las bases de la gestión están asen-tadas bajo estos principios: control frente a libertad, cumplimiento frente a creatividad, seguimiento de las reglas frente a innovación, homogeneizar el capi-tal intelectual frente a la diferencia, penalización del

Pensamiento Crítico, evitar los riesgos y, por último, no personalizar.

No se da libertad a los empleados porque no se confía en ellos, así de claro y así de simple. Se piensa que, si no se controlan, no van a trabajar y no van a cumplir con su horario. Por este motivo se ponen *puertas al campo* del Teletrabajo. Hay que empezar a tratar a los empleados como adultos y dejar de tratarles como niños. ¿Por qué conoce Recursos Humanos lo que más le conviene a un empleado? ¿Coincide con el negocio? No se tienen que diseñar acciones para *protegerles,* sino para eliminar los malos comportamientos. El paternalismo de Recursos Humanos origina uno de los grandes problemas en las empresas, no deja independencia ni libertad («no te vayas a caer»), incentiva que se queden los EMPLEADOS MEDIOCRES, incita a no saltarse las reglas («no te vayas a hacer daño») y, por último, *asesina* la creatividad («no te salgas de la figura»).

Cuando no se sabe cómo hacer algo, o por dónde empezar, se diseñan políticas y procedimientos que sirven para uniformar y evitar malos hábitos (hay que recordar que siempre que aparecen los adjetivos malo o bueno, se está en el horizonte de la ética). Se atrae SUPERTALENTO y posteriormente se le *unta* de cientos de normas y procedimientos el primer día, de lo que puede o no se puede hacer, de la *cultura de la empresa.* Si un empleado no está de acuerdo con una norma es, en la mayoría de los casos, porque no le beneficia. Los días de vacaciones, los horarios de entrada y salida o el registro horario, son algunos ejemplos de medidas que casi siempre nos parecen *malas* o *injustas.* La norma siempre intenta buscar un espacio de impacto que beneficie o no perjudique al mayor número de empleados, sin embargo, las políticas se diseñan para controlar los malos comportamientos. Se parte de la certeza, de que el ser humano, sin normas, tiende a comportarse *mal*. «El hombre es un lobo para el hombre», una frase utilizada por el filósofo inglés del siglo XVIII Thomas Hobbes en su obra *Leviatán*, para referirse a que el estado natural del hombre lo lleva a una lucha continua contra su prójimo. ¡Cuánta filosofía hay en el fondo de las *certezas* más cotidianas en Recursos Humanos!

Se parte de la hipótesis de que las personas, si no tienen normas, se van a saltar las reglas. Pero espero que ahora tengas la certeza de que los que se comportan *mal* no requieren reglas, ni normas ni procedimientos, y lo que se necesita es desvincularlos cuanto antes. Pero en lugar de tomar esa decisión, se diseñan políticas. El paternalismo de Recursos Humanos y de algunos JEFES es lo que más perjudica al negocio y al SUPERTALENTO. Con frecuencia las normas impiden tomar decisiones beneficiosas para el negocio o simplemente, innovar. Pongamos un ejemplo relacionado de nuevo con la *desconexión digital*. En Europa, este derecho solo está reconocido por ley en España, Francia y Bélgica, y entró en vigor el 5 de diciembre de 2018 con la Ley de Protección de Datos de Carácter Personal y Garantía de Derechos Digitales (LOPDGDD). En el artículo 88 se reconoce el derecho a la desconexión digital en el ámbito laboral:

> «Los trabajadores y los empleados públicos tendrán derecho a la Desconexión Digital a fin de garantizar, fuera del tiempo de trabajo legal o convencio-

nalmente establecido, el respeto de su tiempo de descanso, permisos y vacaciones, así como de su intimidad personal y familiar».

La desconexión digital es el derecho de los empleados a no contestar comunicaciones, llamadas, emails, mensajes, WhatsApp, etc. de trabajo fuera de su horario laboral. Con esta medida no se soluciona el verdadero problema y se restringe la libertad y la flexibilidad de los empleados comprometidos y no favorece siempre el crecimiento del negocio. El verdadero problema que se esconde bajo esta medida es que hay muchos JEFES que abusan del tiempo de los empleados. ¿Por qué no se eliminan estos comportamientos en lugar de poner restricciones que pueden ir en contra del negocio? A quien más perjudica el derecho a la *desconexión digital* no es solo al negocio, sino a la flexibilidad de los empleados. Si nos detenemos a pensar por qué se necesita implantar esta norma, en la mayoría de las ocasiones, es porque hay JEFES que hacen un uso excesivo o inadecuado del tiempo de los empleados. Si se identifica un mal comportamiento, ¿se desvincula al jefe o se impone una norma? Si se confía en los empleados, ¿hacen falta cientos de normas y procedimientos? Espero que después de la lectura de este libro, ya sepas qué hacer o, por lo menos, hayas dudado antes de tomar una decisión.

La tercera propiedad del *Liderazgo Ético*, la confianza, incluye las siguientes características: *no paternalismo* y *libertad*.

NO PATERNALISMO significa tratar a los empleados como adultos. Las relaciones de confianza se construyen sobre un escenario social y de transparencia, contrario al control, que consiste en aplicar las formas de autoridad y protección propias del padre en la familia tradicional, a relaciones sociales de otro tipo, políticas o laborales.

La siguiente característica, relacionada con la anterior, es la LIBERTAD y está, a su vez, relacionada con la responsabilidad, enorme concepto ético encadenado a uno de los agentes de interés, la sociedad (Responsabilidad Social Corporativa) y que tiene que empezar a *inocularse* en todos los empleados. Las propiedades del *Liderazgo Ético* solo funcionan sobre la base de la reciprocidad.

Si aplicamos esta propiedad a los procesos de desarrollo profesional, uno de los problemas más habituales de las empresas es lo que determina que un empleado esté comprometido. En el plano de las motivaciones externas, por mi experiencia, no es la marca de la empresa, las instalaciones, el plan de negocio, las funciones que desempeña, los proyectos que se le asigna, los que lo determinan. El factor que es más importante es la relación con el JEFE y con otros empleados. Por eso es crítico centrarse no solo en el comportamiento individual, sino en la interacción social, donde entra de lleno la ética. A lo largo de todos estos años he podido comprobar que una empresa o un proyecto no es suficiente para mantener la ilusión. Es el conjunto de las relaciones sociales la que facilita el lazo de unión más poderoso. Por ello, tal y como vimos en el capítulo dos,

«La ética disuelve las Fake News», Recursos Humanos debería orientarse a la ética y no solo a la psicología, que analiza el comportamiento en su individualidad, las competencias y los rasgos de la personalidad. La ética es social, es el comportamiento del individuo en equipo, en red. El análisis ético implica cómo afecta mi comportamiento individual en el equipo. Y este viraje de Recursos Humanos a la esfera social de los empleados es uno de los factores que favorecerá que los modelos de negocio puedan crecer, no solo de manera exponencial, sino de forma sostenible.

Otro de los temas recurrentes en Recursos Humanos es cómo lograr un buen desempeño de los empleados. Aplicando esta propiedad, debería ser más fácil. La confianza ya no está ligada al conocimiento. ¿De quién se fía un empleado? Google ya nos resuelve la mayoría de las dificultades cotidianas con rapidez. Enseña desde cómo hacer un plan de negocio y a encontrar la información, inaccesible hace tan solo unos años, y todo esto lo realiza de forma instantánea, y además lo hace con algunas de las competencias que tanto se demandan últimamente a los JEFES: con *cercanía*, está siempre disponible; con *empatía*, pues es capaz de traducirnos la información que estamos buscando a un idioma que entendamos, nunca pone una mala cara, y solo, muy de vez en cuando, se *cae*. ¿Para qué se necesitan entonces los jefes? ¿Por la empatía? Si significa la habilidad de ponerse en la situación emocional de otro, por mi experiencia, la he visto algunas veces, pero intercambiar el lugar no produce ningún efecto, más allá del vinculado al cuidado o paternalismo. Ser empático ayuda, pero no soluciona los problemas. Uno de los grandes cambios que ha tenido lugar con la aparición de Internet y el tener toda la información y conocimiento disponible en tiempo real, es que el JEFE ya no solo sirve para dar respuestas, pues Google lo hace más rápido y *mejor* y, además y muy importante, está siempre disponible y tiene todo el tiempo que quieras para ti. ¿De quién te fías más, de tu JEFE o de Google? Elegimos un restaurante, un viaje, un hotel, un producto o servicio, o incluso los amigos, por la recomendación de millones de usuarios que no conocemos de nada. El concepto de confianza ya había cambiado y entenderlo es fundamental para lograr el *compromiso*. No se obtienen ninguna de las dos aplicando normas y procedimientos.

Por otro lado, los empleados tienen emociones y estas no se gestionan. Hay que saber integrarlas en el marco social de la interacción ética, y para eso sirven las propiedades del liderazgo. No solo tomamos decisiones en base a los conocimientos sino, sobre todo, a los sentimientos, a lo que nos *huele* («esto me huele mal»), y nos *sabe* bien o mal. Las emociones ayudan para lo peor y para lo mejor. La ira, la pasión, el odio, el entusiasmo... ¿cómo influyen las emociones de los empleados en el desempeño de su trabajo? El control sobre éstas es la verdadera palanca para el *compromiso*, y esto se consigue aplicando la propiedad del *Liderazgo Ético*, Confianza. Dando *libertad*, se genera responsabilidad. Tuve un jefe que me dijo en una ocasión, que a la oficina se venía «llorao». Las emociones en los años noventa se dejaban en la puerta. El dolor y el placer son las palancas para la toma de decisiones. Y recuerda que, para Aristóteles, las virtudes éticas consisten fundamentalmente en el dominio de la parte irracional del alma, la zona sensitiva.

Esta tercera propiedad proporciona a Recursos Humanos la capacidad para generar entornos de confianza y responsabilidad, cuestionándose las ventajas de dar libertad a los empleados y no diseñar normas que perjudiquen a todos los agentes de interés. La actitud no paternalista les situará en el escenario de la ética y no solo en el ámbito de la psicología, y así podrán centrarse en el negocio, para poder poner foco en las personas. La siguiente propiedad del *Liderazgo Ético* es la Ejemplaridad, base para crear hábitos de comportamiento sostenibles en todos los empleados y agentes de interés.

— ¿Hasta qué grado se confía en los empleados? ¿Por qué no se confía en ellos?

— ¿Por qué la mayoría de las veces, cuando finaliza una reunión, se critican cosas que se han dicho o hecho, en lugar de comentarlas allí directamente?

— ¿Cuántas oportunidades le damos a un empleado que de forma reiterada no cumple en lo que se espera de su puesto de trabajo?

— ¿Qué tendría que hacer una empresa para tener a un empleado *enganchado* al negocio? Piensa como Netflix mantiene la atención de ciento cinco millones de usuarios en ciento noventa países, y subiendo... aunque también puede bajar de golpe si cambian los hábitos de consumo, no solo si aparece una nueva tecnología o competidor.

— *Retención de los mejores* (recuerda la ética siempre que aparecen los términos: bien o mal, mejor o peor, justo o injusto) ¿Quiénes son los mejores empleados?, ¿los que tienen más productividad?, ¿mejor desempeño?, ¿más creativos?, ¿más sociales?, ¿los que generan mejor ambiente? o ¿los que tienen mayor impacto o influencia?

— ¿Por qué se dice ahora que los JEFES tienen que ser más *cercanos*? ¿No se está fomentando un paternalismo encubierto? ¿Qué significa «ser cercano»?, ¿próximo o inmediato?

— ¿Por qué se desconfía del currículum o de la huella digital[11] de los candidatos?

---

11 La huella digital se refiere al conjunto único de actividades, acciones, contribuciones y comunicaciones digitales rastreables, que se manifiestan en internet o en dispositivos digitales.

— Si se pone en práctica la propiedad de Confianza se puede exigir sinceridad radical y en la entrevista de selección preguntar al candidato qué es lo que menos le gusta del puesto.

— Haz una encuesta de una sola pregunta y de forma anónima: ¿de quién te fías más, de tu JEFE o de Google? Las respuestas seguro que te van a sorprender y no solo por el parámetro de la edad. Si no se miente, siempre sale Google.

— Sesiones semanales de críticas. Las críticas sirven para cambiar y mejorar, no para desahogarse. Si a la semana siguiente se repiten los mismos problemas, es que estas sesiones no sirven para nada.

DILEMAS ÉTICOS PARA ARGUMENTAR

— ¿Puede un empleado dedicar tiempo de su jornada laboral a formarse en algo que no tiene nada que ver con su puesto, como, por ejemplo, si un técnico de contabilidad hace un curso de transición energética? Antes de responder, párate a pensar.

CUARTA PROPIEDAD:

EJEMPLARIDAD

Para realizar el cambio de misión y visión, Recursos Humanos necesita actuar como ejemplo de lo que dice, así de simple y así de claro. La Ejemplaridad es la acción o conducta que puede inclinar a otros a que la imiten, no porque nadie le obligue a hacerlo, sino porque se considera que entra dentro del mismo horizonte de la ética de la persona. Si un empleado ve que su JEFE no toma decisiones arriesgadas, él nunca lo va a hacer; se actúa y aprende por el ejemplo.

En la mayoría de las empresas en las que he trabajado el problema radica en los principios de actuación de los jefes, pues muchos de ellos no cumplen con la forma y proceder definido en los principios, valores y cultura empresarial, y, además, convierten su modelo de actuación en un *ejemplo de comportamiento*. Si un jefe llega siempre tarde a las reuniones, muestra una actitud incoherente con los diferentes agentes de interés, servil con los clientes, intransigente con los empleados, critica *a las espaldas* decisiones que se toman, va a mostrar al resto de los empleados que ese es el comportamiento que se espera. Y si, además, está considerado en la empresa como *exitoso* actuar de la misma forma que el JEFE, será beneficioso para promocionar. Si un empleado está perjudicando de forma constante y continuada a los demás, al negocio, a los clientes o a la sociedad, no hay que tener una actitud paternalista: hay que desvincularlo rápidamente. Si una empresa fomenta la conciliación y bienestar de todos sus empleados, pero ningún jefe se acoge a esas medidas, los empleados entenderán que no están bien vistas, y los sistemas de inteligencia artificial aprenderán que un *buen* comportamiento significa no acogerse a las medidas de conciliación. Con el desarrollo del Machine Learning, Recursos Humanos tiene una doble responsabilidad, y la necesidad de analizar desde el horizonte de la ética, los datos sobre los que se van a tomar decisiones. Si su misión está centrada en el diseño de normas y procedimientos, significa que no confía en los empleados y no les deja libertad. Aunque diga todo lo contrario, como que «los empleados están en el centro de la estrategia». Por ese motivo, la Ejemplaridad es una de las propiedades del *Liderazgo Ético* más importante, condición necesaria para las demás. Si Recursos Humanos y los JEFES no actúan con anticipación e innovación radical, no son transparentes, no dan confianza, ni personalizan, ni tienen *Actitud Digital*, el resto de los empleados seguirá su ejemplo.

Uno de los problemas más habituales cuando se plantea la Ejemplaridad como propiedad del liderazgo es que se considera un «comportamiento ejemplar». Por esta razón, es importante tener identificado qué significa para una empresa «ser ejemplar», no solo con los empleados, sino con los diferentes agentes de interés: clientes, proveedores, accionistas y sociedad. De esta forma conseguiremos una homogeneidad en el comportamiento ético de todos los empleados. Por ejemplo, ¿se considera modelo de ejemplo el JEFE que no responde y trata sin respeto a los empleados y sin embargo tiene una conducta *servil* con el cliente y, además, le contesta inmediatamente? ¿Es ejemplar el empleado que cumple los objetivos y no trabaja en equipo? Y al igual que los sistemas de inteligencia artificial, los empleados aprenden de la conducta de otros empleados y sobre todo de los jefes. Si un jefe critica, no defiende a su equipo, no acude a las formaciones, nunca responde porque no tiene tiempo, la responsabilidad es enorme, porque está modelando el futuro comportamiento de los empleados cuando lleguen a ser jefes, y ahora también el de los algoritmos. Dar y tener tiempo con los empleados debería ser una de las principales propiedades del liderazgo, tiempo de verdad y no tiempo precipitado.

La cuarta propiedad del *Liderazgo Ético*, la Ejemplaridad, incluye las siguientes características: *ser inspirador, coherencia, capacidad de destacar, dejar de quejarse y la prudencia.*

SER INSPIRADOR va un paso más allá de ser ejemplo para la acción y está más relacionado con el ámbito de las emociones. Este concepto hace referencia a la capacidad de infundir en el ánimo de otras personas, sensaciones, experiencias y conocimientos. Esta propiedad del liderazgo implica poder influir, de manera coherente, en la forma de ser de las personas, provocando que se trabaje con más entusiasmo en el logro de metas y objetivos. Mediante esta característica conseguimos el nivel de *compromiso* de todos los empleados, no solo por el objetivo o proyectos que tienen que realizar, sino porque conseguimos hacerles conscientes de la importancia y la relevancia de hacerlo. ¿Qué tenían aquellos héroes de la antigüedad para conducir, y encima cantando, a muchos hombres (que no había mujeres) a las batallas, cuando además sabían que podían morir?

Otra de las características es la COHERENCIA, no decir lo que hay que hacer y luego no hacerlo o realizar justo lo contrario. Mostrar con el comportamiento la ética, es decir, lo bueno y lo malo, lo justo o lo injusto, lo verdadero y lo falso, con todos los agentes de interés.

La CAPACIDAD DE DESTACAR, no solo hacer *bien* el trabajo. Llevarlo a cabo de forma excelente, productiva y efectiva será una propiedad de los robots, y no solo de los seres humanos. Esto significa ir más allá de la excelencia. Y para sobresalir hay que aplicar la innovación radical, la intuición, el riesgo, la inspiración y la creatividad. Características que, por cierto, nos dan ventaja competitiva frente a los robots… de momento.

DEJAR DE QUEJARSE es esencial para la ejemplaridad, ¿os imagináis a Julio César en la batalla de las Galias poniendo excusas para no ir a la guerra?: «está muy lejos, hay barro, hace mucho frío, el enemigo es más fuerte...». Esta actitud no solo no soluciona los problemas, sino que además infecta rápido un hábito de comportamiento en otros empleados.

La última característica, y desde mi punto de vista una de las más importantes, es la PRUDENCIA (*phronesis*). Aunque pueda parecer que va en contra del riesgo, de la innovación o de las emociones, es el equilibrio que permite y debe empujar la acción de todos los empleados y acelera la implementación de los hábitos mediante el ejemplo de comportamiento. Implica pararse a pensar antes de actuar, necesario como hemos visto para no trabajar en la dirección equivocada. La *prudencia* es una de las virtudes cardinales definidas por los filósofos clásicos, Platón y Aristóteles, y hace referencia a la habilidad en la elección de los medios para alcanzar un fin. Ya Platón lo identifica claramente como la virtud del gobernante. Aristóteles hace una matización que me parece muy relevante, y es que la prudencia no es un conocimiento, sino un hábito. En los últimos cincuenta años se ha asociado esta virtud a un estado de letargo que no encajaba con los acelerados modelos de negocios. Sin embargo, lleva implícita varios de los puntos cardinales de la gestión empresarial: la toma de decisiones, el trato justo, la credibilidad frente a la urgencia de la decisión y la más importante, el fin último de las acciones, el *propósito*.

Si aplicamos esta propiedad a los procesos de selección y reclutamiento, Ejemplaridad significa fomentar la diversidad a través de la contratación de personas que sigan el modelo de la política de inclusión. Todos los colectivos deberían estar representados, no por una cuota, sino por el impacto en el modelo de negocio. La diversidad aporta *creatividad* y Pensamiento Crítico, y, sobre todo, crecimiento exponencial y sostenible a los negocios.

Si aplicamos esta propiedad a los procesos de formación, Ejemplaridad significa *coherencia*. Por ejemplo, casi siempre Recursos Humanos dice a los empleados que la formación es lo más importante, pero los JEFES no suelen ir, o llegan tarde, o siempre se van antes o van a los cursos más caros, y solo con otros empleados del mismo rango. ¿Qué se muestra con este tipo de *ejemplos*? Al igual que el proceso de toma de decisiones, hay que aplicar el criterio de conocimientos frente a la jerarquía.

Si por último, aplicamos esta propiedad a los procesos de desarrollo profesional, Recursos Humanos tiene que ser consciente del verdadero estilo de liderazgo que tienen los jefes, no del que dicen que se tiene. De esta forma no solo será coherente, sino que podrá eliminar los comportamientos que no se ajusten a las propiedades del *Liderazgo Ético*.

Esta cuarta propiedad proporciona a Recursos Humanos la base para poder implantar hábitos de comportamientos entre todos los empleados, no de forma puntual, sino sostenibles en el tiempo. La Ejemplaridad inspira los modelos de actuación. Sin embargo, vivimos en sociedades aceleradas y urgentes, que han aparcado la *prudencia* en el sótano. La actual crisis de confianza y los entornos de incertidumbre han demostrado que esta virtud aristotélica es esencial para las propiedades del *Liderazgo Ético*. La ejemplaridad enlaza con el Pensamiento Crítico.

Dilemas Éticos Para Argumentar

— Un JEFE que tiene gran capacidad para conseguir clientes y fidelizarlos y, al mismo tiempo, y de forma inversa, tiene la misma capacidad para conseguir que otro de los agentes de interés, los empleados, estén desmotivados, ¿lo mantengo o lo despido?

— Un empleado que se equivoca dos veces en proyectos estratégicos, ¿le vuelvo a dar otra oportunidad?

— Si en una empresa el 75% de los empleados no puede teletrabajar por las características de su puesto, dar ejemplo para los jefes que sí pueden hacerlo, ¿significa que tienen que ir a trabajar presencialmente? ¿El ejemplo se da por la presencia o por resolver los problemas que surjan? Recuerda que el significado de lo que es «ser ejemplar», varía.

144

QUINTA PROPIEDAD:

PENSAMIENTO CRÍTICO

Para realizar el cambio de misión y visión, Recursos Humanos necesita reflexionar antes de actuar. Pensar y probar. Analizar lo que ha funcionado y no ha funcionado y el porqué. Antes de existir el Big Data y los algoritmos, ni Recursos Humanos ni los JEFES habían aprovechado toda la información que les daba cada empleado, cada gesto, cada silencio o cada chillido. La tecnología es un medio que favorece, ahora más que nunca, ese proceso. Por ello, la clave es pararse a pensar para qué queremos utilizar los datos o qué datos necesitamos. Eso es la *Actitud Digital,* más allá del uso de las herramientas. La refutación de hipótesis que se tenían como ciertas sobre los temas clave de Recursos Humanos ayudará a definir las acciones más adecuadas para el negocio, y eso significa centrarse en las personas. Para poder desarrollar este cambio, he desarrollado una metodología de trabajo.

METODOLOGÍA DE PENSAMIENTO CRÍTICO: MÉTODO *SENSEI* [12]

La metodología *Sensei* está basada en el Pensamiento Crítico y consiste en ayudar a reflexionar antes de tomar decisiones. Igualmente proporciona una guía práctica para cuestionarse certezas y así poder avanzar en la dirección adecuada para los empleados, con planes de acción más personalizados y sostenibles. Tiene cinco fases:

FASE 1: Plantear hipótesis de trabajo. Significa formular todas las afirmaciones antes de empezar a trabajar sobre un tema. Las hipótesis son suposiciones hechas a partir de unos datos, que sirven de base para iniciar una investigación o una argumentación. Vamos a poner un ejemplo, para entenderlo mejor: «la diversidad de género mejora la cuenta de resultados de la empresa». Esta fase es más importante de lo que puede parecer a primera vista, porque obliga a preguntarse sobre el fin de las acciones, el *para qué* hacemos algo, el horizonte de la ética. No centrarse en el *cómo* lo vamos a realizar, sino en el sentido que tiene llevar a cabo esa

---

12   *Sensei* (先生, el término usado en Japón para cualquier maestro en general).

acción y, qué impacto va a tener en todos los agentes de interés. Esta fase debe aclarar el *propósito.*

FASE 2: Definir equipos de trabajo mixtos. Para aplicar esta metodología se necesita un equipo de trabajo mixto en edad, género, nacionalidad, de diferentes departamentos, funciones y jerarquías. Sigamos con el mismo ejemplo de la hipótesis de partida: «la diversidad de género mejora la cuenta de resultados de la empresa». Si el equipo de trabajo que ponga en marcha acciones relacionadas con este tema no es mixto, va a tener muchos sesgos a la hora de tomar decisiones. Va a trabajar posiblemente en la dirección equivocada por no tener en cuenta todos los puntos de vista que ofrecen los equipos diversos, y lo más importante, puede perjudicar al negocio en la atracción y desarrollo del SUPERTALENTO. Fomentar la diversidad de género seguro que tiene diferentes enfoques en función del género, de la edad o del puesto jerárquico.

FASE 3: Recopilar datos y hacer predicciones. Es una parte esencial, y que ahora facilita la tecnología a través del Big Data o los algoritmos predictivos. Hay que empezar a trabajar con datos y no con suposiciones o con sesgos. Según la hipótesis de partida, «la diversidad de género mejora la cuenta de resultados de la empresa», a nivel interno se tendría que partir de un análisis completo de la plantilla y, a nivel externo, analizar la información de todas las empresas que han llevado a cabo ese tipo de medidas.

FASE 4: Refutación de hipótesis de trabajo. Exposición de argumentos a favor y en contra y batería de preguntas críticas. Algunas preguntas que se utilizan para esta fase son: «¿qué quieres decir realmente con...?, ¿cómo llegas a esa conclusión?, ¿qué es lo que realmente se está diciendo? Supón que te equivocas, ¿qué consecuencias tendría eso?, ¿cómo podría saber que lo que dices es verdad?, ¿por qué es esto importante?» Estas preguntas tienen como objetivo ayudar a una persona a descubrir sus propias creencias, pues como hemos visto en los capítulos anteriores, los sesgos personales y la experiencia determinan la toma de decisiones. ¿Qué significa *mejorar* la cuenta de resultados? ¿Por qué solo la diversidad de género, y no la de edad? En esta fase van a aparecer algunos dilemas éticos como el siguiente: ¿se contrata al SUPERTALENTO con independencia del género, o se prima el género a la hora de tomar decisiones de contratación?

FASE 5: Plan de acción rápido y personalizado. Una vez que ya hemos planteado y refutado las hipótesis de trabajo y tenemos un equipo de trabajo mixto y toda la información, podemos empezar a construir nuevos planes de acción. Crear diferentes escenarios es muy útil para entornos inciertos. Y las soluciones personalizadas serán las que conviertan las nuevas hipótesis, en un éxito. Solamente con un equipo de trabajo mixto y con datos es posible crear líneas de trabajo personalizadas. Sigamos con el mismo ejemplo: si después de aplicar la última fase de esta metodología hemos llegado a la conclusión de que la hipótesis de partida es cierta, —«La diversidad de género mejora la cuenta de resultados de la empresa»—, ¿qué acciones vamos a llevar a cabo? Por ejemplo, si necesitamos contratar desde la perspectiva de género, y los puestos con más demanda son los relacionados con STEM[13], nos podemos preguntar: ¿hay diversidad en los estudios de estas disciplinas?, ¿por qué nos enfocamos solo a jóvenes? Un plan de acción podría ser diseñar una campaña de captación de empleados STEM focalizados en género, en un colectivo de edad de mayores de cuarenta y cinco años. Otra acción a medio o largo plazo sería poner en marcha un plan de reciclaje profesional por género, de colectivos con más desempleo. ¿Es posible que una persona con estudios de geografía e historia pueda trabajar como técnico de Big Data? Antes de responder, recuerda para qué sirve esta metodología: para pensar y refutar hipótesis que normalmente damos por ciertas, eliminar sesgos y alguna *Fake News*.

Una vez que tenemos claro el método de trabajo, vamos a detallar algunas de las características de la propiedad de Pensamiento Crítico: *visión* y *capacidad de argumentación*.

Tener VISIÓN significa pararse a pensar y no estar siempre ejecutando. Esta propiedad evita perder el tiempo trabajando en la dirección equivocada. En definitiva, dejar de perseguir *la pelota,* y pararse a pensar dónde va a estar, y lo más importante, por qué va a estar en ese sitio y no en otro lugar. Solo los grandes *jugadores* lo hacen. Anticiparse a lo que va a suceder evita trabajar sin sentido. Esta característica del Pensamiento Crítico consiste en ofrecer lo que nece-

---

13   El término STEM (por sus siglas en inglés) es el acrónimo de los términos en inglés *Science, Technology, Engineering and Mathematics* (ciencia, tecnología, ingeniería y matemáticas).

sitan los empleados antes de que lo pidan. Es el efecto Netflix, las personas se sienten felices cuando les das lo que piden, pero están más fascinadas cuando te anticipas a lo que no se les ocurrió pedir. Así se logra el verdadero *compromiso*.

Por otro lado está la CAPACIDAD DE ARGUMENTACIÓN, que es el razonamiento para probar o demostrar una proposición, o para convencer de lo que se afirma o se niega. Como hemos visto en el método *Sensei*, esta característica será esencial para la fase 4, de refutación de hipótesis de trabajo. Está basada en el conocimiento sólido sobre disciplinas diferentes, pero, sobre todo, en la capacidad para realizar preguntas, no para dar soluciones, sino para cuestionarse. La clave no es la agilidad en la formulación de preguntas y respuestas (recuerda que no vamos a poder competir con los robots en velocidad), sino la posibilidad de conectar dos opciones que no tengan relación alguna (*pensamiento lateral*).

Si aplicamos esta propiedad a los procesos de selección y reclutamiento se podría cuestionar la efectividad de una medida como la solicitud de referencias a los candidatos. Hay que darse cuenta de que muchas cosas se siguen haciendo de la misma manera, no por no querer cambiar, sino por costumbre o porque en el pasado han funcionado bien. Sin embargo, se parte de una hipótesis falsa cuando se solicitan referencias, pues las personas no siempre se comportan igual cuando se cambia el escenario o de JEFE o de equipo. Se dan siempre referencias de personas que se sabe que van a hablar *bien* de un empleado. Si todo el mundo conoce este hecho ¿por qué se sigue haciendo?, ¿qué aporta?, ¿nos dicen la *verdad* del desempeño de un empleado?, ¿por qué no hay transparencia?

Otra de las herramientas que se deberían revisar son los test psicotécnicos. Sirven para medir competencias como el *pensamiento lógico* y la *capacidad analítica*. Se da un tiempo límite para responder y con ello se demuestra si se posee una determinada agilidad mental. El razonamiento numérico, abstracto, mecánico, así como las relaciones espaciales, ortografía y rapidez y exactitud perceptiva, ¿son las competencias que se necesitan para el Futuro del Trabajo y del negocio? Es imprescindible volver a pensar las competencias y las pruebas que se realizan en los procesos de selección. Si se continúa incorporando el mismo perfil de empleado, se obtendrán los mismos resultados o peores, porque las circunstancias han cambiado. Ya no solo se necesitan empleados con razonamiento mecánico, pues la llegada de la automatización y los algoritmos van a reemplazar estas competencias en los seres humanos, y eso es justo lo que miden estas pruebas.

Si aplicamos esta propiedad a los procesos de desarrollo profesional, una de las acciones que Recursos Humanos debería poner en marcha es la *rotación obligatoria*. Parte de la idea de cómo es la carrera profesional de los grandes atletas, en donde sus años de vida como profesionales son limitados. ¿Durante cuánto tiempo pueden dar lo mejor, destacar, conseguir medallas, y romper récords? El SUPERTALENTO es el que tiene las propiedades de la ilusión, la creatividad, el conocimiento, las ganas de saltarse las reglas, y esas cualidades solo se renuevan si se cambia de entorno y de reto. Imagina llegar mañana a la empresa y decir a los empleados que un 75% tiene que rotar a otra empresa, o a otro departamento, o a otras funciones. Para casi todos sería un drama. Seguramente no se les ha sabido *vender*, ni comunicar, porque no sabrán por qué tienen que hacerlo y tendrán encima la amenaza que siempre planea de «hacen esto porque me van a despedir». ¿Qué harías si mañana te cambiaran de puesto? ¿De técnico de *marketing* a contabilidad? Este ejercicio obliga a formarse constantemente, a salir de la zona de confort, a descubrir y a tener conocimientos, y competencias muy diferentes, y muy demandadas y así asegurar nuestra *Empleabilidad Sostenible*.

Esta quinta propiedad proporciona a Recursos Humanos un método para buscar conocimientos sólidos sobre los que fundamentar todas las hipótesis, y orientar a todos los empleados a un mercado de trabajo en progresiva automatización y cambio climático. El Pensamiento Crítico enlaza con la siguiente propiedad del *Liderazgo Ético*: la Personalización.

Preguntas Para Pensar Sobre La Propiedad De Pensamiento Crítico

— ¿Para qué se necesita un catálogo de formación, si hay cientos de cursos disponibles en internet?

— ¿Vas a formar a tus empleados para que sigan las reglas o para que se las salten?

— ¿Por qué es necesario lanzar una y otra vez las encuestas de *clima laboral*? ¿De verdad no se sabe qué es lo que falla?

— ¿Por qué se comporta *mal* un empleado?

— ¿Para qué se tiene que desarrollar al SUPERTALENTO?

— ¿Por qué ser *emocional* se asocia a ser *blandito*?

— ¿Cuáles son los criterios por los que se asciende a los empleados o se les valora? Si es porque trabajan muchas horas para conseguir los objetivos, ¿no debería ser al contrario?

— Un JEFE ¿tiene que *administrar* a sus empleados o tiene que emocionarles?

— ¿Por qué en las salidas voluntarias casi siempre se va el SUPERTALENTO y no el EMPLEADO MEDIOCRE?

Ideas *Takeaway*, Soluciones Para Implementar De Manera Simple Y Rápida

— Aplica el método *Sensei* a todo problema que te surja a partir de ahora.

Dilemas Éticos Para Argumentar

— ¿Selecciono a un candidato que, aunque sé que su comportamiento no es muy ético, es muy especialista en su conocimiento y va a hacer crecer el negocio de forma exponencial?

— ¿Se contrata al SUPERTALENTO con independencia del género, o se prima el género a la hora de tomar decisiones de contratación?

— Recursos Humanos tiene que identificar las necesidades de formación, ¿o son los JEFES o los propios empleados quien tienen que hacerlo? (Recuerda tratar a los empleados como adultos y no como niños).

SEXTA PROPIEDAD:

PERSONALIZACIÓN

Para realizar el cambio de misión y visión, Recursos Humanos necesita personalizar no solo por edad, género o nacionalidad. Por si no te has dado cuenta, el 31,5% de la población mundial del planeta es *Millenial*, y tienen unos hábitos de consumo de información, de trabajar y de entretenerse muy diferentes y, además, han *contaminado* ya a otras generaciones.

La Personalización es otra de las técnicas que se debería haber heredado en Recursos Humanos procedente del *marketing* aplicado a empleados, de la misma forma que se ha aplicado a clientes, y que no se ha implementado completamente, aunque esta es una de las propiedades sobre la que se han realizado más avances. El diseño por parte de muchas empresas de planes de «inclusión y diversidad» es un ejemplo de Personalización, ¿debe tener un empleado con niños pequeños, el mismo horario y vacaciones que otro empleado que no los tenga o que sus hijos sean más mayores? Con respecto al Teletrabajo, ¿tienen sentido para algunos puestos de trabajo, en los que la presencialidad no sea obligatoria, medidas como la reducción de jornada a tiempo parcial? ¿Es *justo* que un empleado tenga que pedir un día de vacaciones para ver la función de Navidad de sus hijos que, además, normalmente se da en un horario laboral?

Vamos a repasar algunos cambios en los hábitos de consumo de los empleados que nos hacen cuestionar la necesidad de aplicar esta propiedad a Recursos Humanos. Es necesario recordar algunos hechos, datos y comportamientos importantes que ya cambiaron, y que Recursos Humanos no ha incorporado en su día a día. Uno de los más relevantes es el hecho de que se tiene un nivel de acceso a la información de la empresa más allá de lo que Recursos Humanos puede ofrecer y, además, herramientas como WhatsApp han acelerado los procesos informales de comunicación. Los rumores se extienden a la velocidad de la luz y en grupo. Por otro lado, el empleado prefiere, en algunos casos, informarse antes por las redes sociales que por las Intranets corporativas. Esto no se produce de la misma manera en todas las generaciones. El tiempo medio de uso diario de redes sociales es de una hora y diecinueve minutos al día. La experiencia de consumo es tipo Netflix, novedad constante y personalizada. Este es un claro ejemplo de lo que yo llamo: «no te empeñes en hacer surf sino hay olas». Si los empleados consumen contenidos por las redes sociales, ¿por qué se crean otras herramientas colaborativas, Intranets o redes sociales internas? La diversidad de género, de edad, de cultura, ha abierto para Recursos Humanos la posibilidad de adaptar todo el ciclo de la gestión de empleados de una manera personalizada, no solo centrándose en la diferenciación de canales, sino sobre todo en la de los mensajes. Estas acciones no solo van a mejorar el *compromiso* de los empleados, sino que, además, y sobre todo, van a impulsar el crecimiento del negocio y un impacto mucho mayor con los clientes, uno de los principales agentes de interés. Gracias a la tecnología ahora se tiene la posibilidad de cruzar los datos y ofrecer experiencias personalizadas. ¿Se atreverá Recursos Humanos a dejar de diseñar políticas homogéneas para todos, y ofrecer a cada empleado lo que verdaderamente necesita?

La sexta propiedad del *Liderazgo Ético*, la Personalización, incluye las siguientes características: *diversidad* y *justicia*.

La DIVERSIDAD es la característica que permite a los negocios crecer de manera exponencial, y va a permitir una *innovación radical*. Por otro lado, esta va asociada a la JUSTICIA, una de las virtudes aristotélicas. Una de las reivindicaciones más reiterativas de los empleados es que las medidas que se imponen desde Recursos Humanos no son *justas*. ¿Qué significa que «no son justas»? ¿Qué no son equitativas? ¿Qué favorecen a unos en detrimento de otros? Recursos Humanos podrá ofrecer a cada empleado *lo que le corresponde* o *pertenece* si sabe analizar los datos y personalizar.

Si aplicamos esta propiedad a los procesos de selección y reclutamiento, conocer cómo adaptar la comunicación y el canal a cada candidato es algo que, en teoría, se sabe cómo hacer, pero en los procesos de atracción parece que se olvida. Se ha avanzado bastante en la selección de los canales donde publicitar la oferta, o en las pruebas de selección que se desarrollan, como, por ejemplo, el hecho de que se han empezado a sustituir los test psicotécnicos por los *Scape Room*[14], pero ¿nos hemos parado a pensar qué es lo que realmente buscamos? ¿Para qué se necesita contratar SUPERTALENTO si no se tiene *liga* en la que hacerlo jugar?

Si aplicamos esta propiedad a los procesos de formación, Recursos Humanos debería olvidar el catálogo de formación y ofrecer contenidos tipo Netflix. Recomendar en función del perfil los contenidos más populares, las tendencias, los cursos *originales* de la empresa, los estrenos o formaciones para hacer un maratón. En definitiva, ir más allá de la detección de necesidades de aprendizaje, y hacer predicciones sobre lo que van a necesitar los empleados en un mercado de trabajo impactado por la automatización y el cambio climático. Porque Recursos Humanos tiene como misión anticiparse a los cambios, debería proponer al empleado las mejores *películas* para impulsar su *Empleabilidad Sostenible* y, a ser posible, con final

---

14 Un *scape room*, sala de escape o cuarto de escape, es un juego de aventura físico y mental que consiste en encerrar a un grupo de jugadores en una habitación, donde deberán solucionar enigmas y rompecabezas de todo tipo para ir desenlazando una historia y conseguir escapar antes de que finalice el tiempo disponible. (Wikipedia)

feliz. De esta forma no solo *engancharía* al empleado logrando su compromiso radical, sino que haría crecer el negocio de manera exponencial y sostenible.

Esta sexta propiedad proporciona a Recursos Humanos la posibilidad de focalizarse mejor en cada empleado. Y se logra a través de los datos y la tecnología predictiva. Recuerda siempre aplicar el método *Sensei*. La Personalización, enlaza con la penúltima propiedad del *Liderazgo Ético*: la Sostenibilidad.

Preguntas Para Pensar Sobre La Propiedad De Personalización

— ¿Se necesitan empleados con *aristas* o con la misma *forma* que los JEFES?

— ¿Por qué se aplica a todos los empleados las mismas políticas y procedimientos, si son diversos en edad, género y cultura?

— ¿Se tiene que aplicar un plan de desarrollo para todos los empleados? Si de un año a otro se sabe que un empleado no ha cambiado su desempeño, ¿por qué se le vuelve aplicar el mismo plan en lugar de desvincularlo de la empresa?

— ¿Van a necesitar las mismas vacaciones o los mismos horarios de entrada y salida, una persona de veinticinco años que otra de cincuenta o que acaba de tener familia?

— Si queremos conciliar, ¿no tendrían que coincidir las vacaciones del calendario laboral de los empleados, con las vacaciones y los días libres de los niños? Con la incorporación de la mujer al mundo del trabajo, los dos meses de periodo vacacional de los niños suponen todo un reto estratégico para muchas familias.

— En una empresa en la que hay empleados que por sus funciones no pueden teletrabajar, ¿es *justo* que el resto que puede hacerlo lo haga?

— La idea de *compromiso*, ¿es la misma para todos los empleados?

Ideas *Takeaway*, Soluciones Para Implementar De Manera Simple Y Rápida

— Diseña un sistema tipo *Tinder*, por el que cada empleado pueda elegir con qué JEFE trabajar y viceversa.

— Haz una lista de las personas que se *escaquean* de manera habitual, recuerda los sesgos. Lo que a una persona le puede parecer que es trabajar de forma rigurosa, otra puede pensar que es justo lo contrario.

— Pregunta a tus empleados que significa para cada uno de ellos «estar motivados», para poder diseñar un plan de acción a medida.

Dilemas Éticos Para Argumentar

— ¿Es justo no subir el sueldo a un empleado que, aunque lo haya intentado, no ha logrado sus objetivos?

— ¿Es justo no subir el sueldo a un empleado si la empresa no ha obtenido beneficios, aun habiendo sido su desempeño extraordinario?

— ¿A quién es más justo despedir, a un *junior* sin experiencia o a un *senior* antes de la edad de jubilación?

SÉPTIMA PROPIEDAD:

SOSTENIBILIDAD

Para realizar el cambio de misión y visión, Recursos Humanos necesita incorporar los ODS y la Agenda 2030 como parte de sus objetivos. Estas metas, junto con los procesos de transformación tecnológica y cambio de las propiedades del liderazgo tradicional al *Liderazgo Ético*, deben marcar la hoja de ruta. Son diecisiete objetivos globales y proporcionan una visión transformadora para un desarrollo sostenible, centrado en las personas y el planeta, basado en los derechos humanos, y consciente de las diferencias de género.

«La salud y bienestar, la igualdad de género o la acción por el clima», deben ser prioridades de la estrategia de Recursos Humanos. Pero también otros desafíos que forman parte de los ODS, como el impulso de un «consumo responsable y las ciudades y comunidades sostenibles». Recursos Humanos tiene que pensar desde ya cómo impulsar cada uno de los diecisiete objetivos con su principal agente de interés, los empleados. No solo se trata de acciones de concienciación, de voluntariado y formación, sino también de la posibilidad de diseñar planes concretos que impacten en el día a día de cada empleado. Como, por ejemplo, la creación de medidas que fomenten la salud y el bienestar en los trabajadores, programas de igualdad de género en todos los niveles de la organización, en especial Comités de Dirección y Consejos de Administración. Voy a proponer algunas de las acciones que se podrían introducir:

— Incluir los ODS dentro de los objetivos del plan de desempeño o compensación variable de todos los empleados.

— Programas de concienciación sobre el uso de energías renovables y «cero emisiones».

— Promover la contratación de proveedores alineados con los ODS.

— Programas de movilidad para los desplazamientos individuales.

Un ejemplo de cómo aplicar la característica de *coherencia* de la propiedad Emplaridad sería preguntarse, antes de poner en marcha una medida de movilidad, si los JEFES compartirían coche con los empleados de distinta jerarquía. No solo se contribuiría a la disminución de emisión de gases de efecto invernadero, sino también a un consumo responsable, y a la generación de entornos de confianza y compromiso. Recuerda que si se quiere implantar una medida, antes hay que aplicar la metodología de pensamiento *Sensei*.

El desarrollo de estos nuevos desafíos va a guiar e impactar en Recursos Humanos, desde la atracción y selección hasta la formación y el desarrollo de todos los empleados que trabajan en la empresa y los procesos de desvinculación. ¿Se podrá despedir a un empleado que no fomente un consumo responsable? Los ODS van a producir un efecto positivo sobre el Futuro del Trabajo, creando nuevas posiciones, como, por ejemplo:

— Coordinador de bienestar y salud.
— Responsable de Smart Cities.
— Especialistas en *economía circular.*
— Experto en soluciones de movilidad, etc.

Nuevas funciones y competencias que revelan la necesidad de unir los campos de educación y empresa para poder garantizar una *Empleabilidad Sostenible* en un mundo que se automatiza rápidamente. La Agenda 2030 va a configurar el negocio de todas las empresas, en especial el objetivo 13. «Acción por el Clima», que va a provocar la transformación de todo el sistema energético mundial, y con ello, el cambio radical del modelo de negocio de las empresas y el perfil de empleados que se necesita. Si Recursos Humanos se anticipa, los cursos de energías renovables, en lugar de los de Excel, tendrían que ser obligatorios para todos los empleados. Desde un fontanero a un consejero delegado deberían conocer las formas que existen de evaluar los recursos eólicos, solares e hidráulicos, estimar la energía eléctrica producida y visualizar el impacto que va a tener en los hábitos de consumo, en el mercado de trabajo y en los negocios. Esto significa exactamente para Recursos Humanos, aplicar las propiedades del Liderazgo Ético.

La sexta propiedad del *Liderazgo Ético* es la Sostenibilidad, incluye las siguientes características: *humildad, capacidad de aprendizaje constante* y *la no improvisación*.

Una de las características de esta propiedad del *Liderazgo Ético* es la HUMILDAD. Ser capaz de mostrar los errores y la ignorancia sobre algunos temas, duele, pero es ventajoso a medio y largo plazo. Si se reconocen es porque se ha aprendido lo que ha funcionado y y lo que ha fallado. Si un JEFE explica delante de los demás, y con gran detalle sus errores, está mostrando, en primer lugar, su humildad, y lo segundo, fomentando que los demás hagan lo mismo. El resultado de aplicar esta propiedad al *Liderazgo Ético* provoca el crecimiento de los negocios de forma sostenible. Ocultar errores puede ser válido para un corto plazo y para algunos agentes de interés, pero no para el medio y largo plazo. Muchas veces, por un paternalismo mal entendido, no se muestran los errores. Recuerda que esa actitud significa tratar a los empleados como niños y perjudica claramente al negocio y al resto de los agentes de interés.

La CAPACIDAD DE APRENDIZAJE CONSTANTE significa que hay que estar incorporando nuevos conocimientos y renovándose, no de manera puntual, sino continuamente, porque los mercados de trabajo son volátiles y complejos. Sin embargo, lo que es cierto, es que lo digital y el cambio climático han venido para quedarse, y provocan grandes cambios en el ecosistema laboral.

La última característica de la Sostenibilidad es la NO IMPROVISACIÓN, pues realizar algo de pronto, sin estudio ni preparación, puede dar buen resultado una vez, pero es difícil que funcione dos veces. Improvisar es un defecto, no una virtud, aunque en los últimos tiempos, parece que se nos ha hecho creer justo lo contrario. ¿Otra *Fake News* a la vista?

Si aplicamos esta propiedad a los procesos de selección y reclutamiento, Recursos Humanos podría *apostar* por la Formación Profesional. La *titulitis* hace que no tengamos siempre al SUPERTALENTO, sino al que tiene más conocimientos o títulos, que no siempre coincide. Con ello, además, contribuiremos al Objetivo 8, «Trabajo decente y crecimiento económico». Por otro lado, se pueden integrar preguntas sobre las metas de la Agenda 2030 en la entrevista personal para detectar si un candidato encaja o no con la cultura de la empresa.

Si aplicamos esta propiedad a los procesos de formación, la misión de Recursos Humanos debería ser generar una *Empleabilidad Sostenible* en todos los empleados, es decir, dotar de conocimientos y competencias que permitan fácilmente poder cambiar de funciones o sector. Y para ello se necesita no solo formación sino un cambio de mentalidad. Las métricas en el consumo de contenidos *online* nos facilitan las horas que ha estado abierto el documento y si se ha finalizado. ¿Necesitamos métricas o necesitamos saber si el empleado ha adquirido el conocimiento que ha consumido y sabe aplicarlo? O mucho más importante, *¿para qué* necesita un empleado un contenido concreto de formación?, ¿para el presente o para el Futuro del Trabajo? Si se van a necesitar empleados para logística y operaciones, tecnología, *marketing* online, y se va a automatizar gran parte de las funciones de reporting del departamento de Finanzas, se debería no solo formar, sino *transformar* la mentalidad, debido a que hay muchos empleados con resistencia a trabajar en otras funciones diferentes. De esta forma, se tendrá toda la plantilla preparada para los cambios, y si la empresa no los necesita, dispondrán de los conocimientos de las posiciones más demandadas, y les costará poco tiempo encontrar un nuevo trabajo.

Por último, si aplicamos esta propiedad a los procesos de desvinculación, se eliminarán los comportamientos de los empleados que no cumplan con las propiedades del *Liderazgo Ético*. El que despide siempre lo hace mal, y eso sí que es un hecho y una certeza. Acuérdate de la ética, pero ¿*mal* para quién?, ¿para el negocio, para los clientes, para la sociedad, para los accionistas o para los empleados? La respuesta cambia dependiendo a quién se le pregunte. Si el objetivo de una empresa es obtener beneficios a corto plazo, y para ello tiene que reducir costes, el despido será una *buena* medida. Si se prescinde del SUPERTALENTO no será ventajoso para el negocio, y eso es lo que significa la sostenibilidad.

La séptima propiedad dota a Recursos Humanos de un *propósito*, de un fin y un *para qué* de todas sus acciones, en coherencia con todos los agentes de interés: empleados, clientes, proveedores, accionistas y sociedad. La Sostenibilidad, da paso a la última propiedad del *Liderazgo Ético*: la Tecnología.

Preguntas Para Pensar Sobre La Propiedad De Sostenibilidad

— Si a los empleados les vamos a cambiar de posición y de departamento, ¿se necesitan los mismos requisitos y conocimientos? Si un empleado va a trabajar en *marketing* y también en finanzas, ¿qué requisitos de puesto necesita?

— ¿Qué estrategia vas a utilizar para encajar los ODS más allá de las acciones de formación?

— ¿Son suficientes las políticas y procedimientos de Recursos Humanos para impulsar un *Liderazgo Ético* en las empresas?

Ideas *Takeaway*, Soluciones Para Implementar De Manera Simple Y Rápida

— Incorpora preguntas de ODS en los procesos de selección.

— Vincula a la evaluación del desempeño de todos los empleados, el cumplimiento de los ODS que se hayan determinado prioritarios para el negocio.

— Haz una encuesta con una sola pregunta: ¿cómo vas a contribuir en tu trabajo para tener cero emisiones?

Dilemas Éticos Para Argumentar

— Una medida como alcanzar emisiones cero puede tener un coste muy alto para una empresa. Si además hay una crisis financiera, ¿priorizo la sostenibilidad o la salud financiera? Recuerda pararte a pensar siempre y revisar las *Fake News* que puede haber implícitas.

OCTAVA PROPIEDAD:

TECNOLOGÍA

Y, por último, para realizar el cambio de misión y visión, Recursos Humanos necesita la tecnología. Tenemos una gran certeza, y es que nuestra forma de *ser* y *estar* en el mundo ya ha cambiado por la tecnología y lo seguirá haciendo. Esta ha sido la palanca que ha activado nuestro desarrollo como seres humanos desde el principio de los tiempos, y siempre responde a un querer ir más allá de *cómo* se hacen las cosas, a un «*por qué* no hacerlo de otra manera». Es una *Fake News* muy habitual decir que las profesiones del futuro aún no existen o se están creando. Puede que la tecnología que esté detrás sea nueva, pero lo que es cierto es que será necesario una *capacidad de aprendizaje constante*, y que todas estarán relacionadas con la tecnología y el cambio climático. Y sobre esta propiedad no voy a extenderme mucho más. Hay que incorporarla sin excusas, pero antes siempre hay que pararse a pensar el *para qué* se quiere introducir y tener *Actitud Digital*, que significa adaptación constante aplicando todas las propiedades del *Liderazgo Ético*.

Con frecuencia, cuando se habla de automatización o impacto de la tecnología en el mundo del trabajo aparecen dos posturas: los apocalípticos y los integrados. «Se van a destruir millones de puestos de trabajo», frente a «se van a crear millones de puestos de trabajo», y todas las opiniones están sustentadas con cifras y estudios. Y el punto de inflexión no es que el entorno laboral cambie, hecho que se ha producido a lo largo de toda la historia, ni que la tecnología lo transforme, sino la velocidad a lo que lo hace y el cambio de comportamientos en el usuario que provoca.

La tecnología ha cambiado la forma de interactuar y muchas de las pautas de comportamiento de todos los agentes de interés. Pero, sobre todo, ha desfigurado conceptos como «la responsabilidad, transparencia, confianza, ámbitos público y privado, la presencialidad como condición para la interacción», y todo ello debería provocar que la ética entrara de lleno en el terreno de juego de Recursos Humanos. Cambia lo que la sociedad valora, la instantaneidad frente a la perfección o excelencia, o en lo que se confía, Google frente a los JEFES.

¿Es la tecnología la culpable de que los trabajos relacionados con la ganadería, la minería, la banca y tantos otros sectores, se destruyan? La tecnología provoca que el ecosistema laboral cambie, pero sobre todo transforma el modo de relacionarnos con el trabajo. Y por ese motivo es clave que Recursos Humanos tenga *Actitud Digital.*

No voy a describir las herramientas digitales para Recursos Humanos, ya hay muchos libros sobre ese tema, solo me voy a referir a la importancia que van a adquirir en un futuro cercano las *plataformas digitales*[15], sobre todo porque van a implicar un cambio en la modalidad de contratación de los empleados. También provocan una transformación en las relaciones laborales convencionales, y abre nuevos espacios de conexiones con los empleados: *freelancers, knowmads,* trabajadores del conocimiento, etc., que pueden desempeñar su trabajo mediante formas más o menos convencionales o trabajar mediante plataformas de economía bajo demanda. La *Gig Economy* nació en Estados Unidos. En el año 2007 con la llegada de la crisis económica el mercado laboral sufrió un desgaste y provocó la aparición de formas alternativas a la contratación tradicional. En EE.UU., una de las plataformas con más trabajadores es TaskRabbit (https://www.taskrabbit.com/) —especializada en tareas domésticas como mudanzas, instalaciones eléctricas o la realización de la compra—, que pone en contacto a clientes con trabajadores. Pueden responder a la oferta de un cliente para un proyecto en concreto y también pueden ser contactados directamente por el cliente según su perfil. Cada persona puede elegir cuándo, dónde y cómo va a realizar su trabajo. La flexibilidad y la comunicación en

---

15   Puedes ampliar toda la información sobre este tema en el libro de *El trabajo ya no es lo que era* de Albert Cañigueral, Editorial Conecta 2020.

tiempo real, junto con la deslocalización, son algunas ventajas de esta economía. Recursos Humanos, pensando en lo que va a necesitar el negocio, se debería anticipar y saber calcular cuanta cantidad de empleados se van a requerir en esta categoría y, por otro lado, formar a los trabajadores para adaptarse a esta modalidad de trabajo.

La propiedad de Tecnología incluye una característica muy especial: el *humanismo*, y como vimos en el capítulo tercero, es digital. Y se aplica de forma transversal a todas las áreas de Recursos Humanos. Hay algunas propiedades de los seres humanos que todavía no tienen los robots: la pasión, las emociones, los errores, la imperfección, los sesgos, es lo que nos hace humanos, lo que mueve el mundo. No lo mueven solo los conocimientos. El cerebro y el resto del cuerpo constituyen un organismo indisociable, por eso es tan difícil replicar a un humano. La inteligencia surge de esta interacción. Un robot ¿podría sacrificarse? Sí, si sacrificio significa perder para después ganar. El cerebro y los sentidos se encuentran en estrecha interdependencia. No hay inteligencia sin sentimientos, por ello se llama *inteligencia artificial*. Son los sentimientos y no solo los conocimientos los que nos conducen a una adecuada toma de decisiones.

Y ahora que ya conoces todas las propiedades del *Liderazgo Ético*, espero que Recursos Humanos esté preparado para cambiar la misión y visión y convertirse en Netflix, para así cumplir un triple objetivo:

1. Anticiparse a los cambios de trabajo que se producen por la automatización y el cambio climático.

2. Generar en todos los empleados una *Empleabilidad Sostenible* que permitirá orientar a toda la plantilla de forma ágil, hacia la parte del negocio más rentable. Esto significa investigar dónde va a estar el Futuro del Trabajo y el negocio de la empresa para dotar de conocimientos y competencias a los empleados alineados con los *Objetivos de Desarrollo Sostenible (ODS)*.

3. Y así conseguir un impacto, no solo en los empleados sino en todos los agentes de interés: clientes, proveedores, accionistas y sociedad.

¿Cómo hacer esa transformación? Cambiando la misión y visión de Recursos Humanos y aplicando las propiedades del *Liderazgo Ético* a todos los empleados, no solo los JEFES.

Para terminar, vamos a presentar las nuevas certezas de Recursos Humanos para hacer crecer los negocios de manera sostenible y exponencial, y así empezar a construir el Futuro del Trabajo.

— ¿Actitud Digital significa colocar un robot en la entrada de la oficina con menos *inteligencia* que un mosquito?

— ¿Te consideras más digital porque el empleado puede elegir en lo que se forma o porque tiene un catálogo más amplio de cursos?

— ¿La tecnología no debería hacer que trabajáramos menos horas?

— ¿Has revisado el contenido de las ofertas de empleo con la perspectiva del Futuro del Trabajo? ¿Por qué se siguen pidiendo los mismos requisitos que hace veinte años? Actitud Digital no solamente significa utilizar herramientas *online*, sino innovar y anticiparse en los requisitos. ¿Estudios de marketing para trabajar en el Departamento de Marketing? ¿Estudios de comunicación para trabajar en el Departamento de Comunicación? Revisa el perfil de las personas que te parecen innovadoras: casi todas vienen de un área o estudios que no tiene relación directa.

— ¿Podrías convertir a la mitad de la plantilla en trabajadores autónomos o trabajadores del conocimiento (*Knowmads*)?

— Los nuevos modelos de negocio y las nuevas generaciones, ¿demandan el mismo tipo de relación laboral indefinida?

— ¿Se necesita un empleado con unos determinados conocimientos de forma permanente, o se necesita SUPERTALENTO de forma puntual?

— ¿Cuántas plataformas digitales conoces para contratación y para desarrollo sostenible de los empleados?

— Realiza un *Debriefing* de las herramientas tecnológicas que has incorporado en los últimos cinco años en Recursos Humanos. Muchas de estas soluciones, te permiten tener un acceso instantáneo a mucha información, y facilitan cientos de reportes, pero si luego no se realiza ningún plan de acción rápido (fase 5 del método *Sensei*), no sirven para nada más que eso, para tener métricas.

Dilemas éticos para argumentar

— Cada vez tenemos más herramientas que nos permiten tomar decisiones basándonos en datos. Si un algoritmo te propone despedir a un empleado con criterios objetivos, pero tu intuición te dice lo contrario, ¿a quién vas a hacer caso?

8. NUEVAS CERTEZAS DE RECURSOS HUMANOS PARA EL FUTURO DEL TRABAJO

Voy a concluir este libro con la certeza de que, por lo menos, haya provocado algunas preguntas que lleven a la reflexión sobre la necesidad de convertir a Recursos Humanos en Netflix, aplicando las propiedades del *Liderazgo Ético* a todos los empleados, para ser capaz de anticiparse, comunicar con transparencia, generar confianza, ser ejemplar, pensar de forma crítica, personalizar y por último, ser sostenible y tecnológico, y en base a eso, orientar a todos los empleados para que el negocio crezca de forma exponencial.

A continuación, resumo algunas nuevas certezas que, con las propiedades del *Liderazgo Ético*, y la metodología *Sensei*, Recursos Humanos debería empezar aplicar de forma urgente para un Futuro de Trabajo, que se acerca demasiado rápido.

La primera, y probablemente más importante, y condición necesaria para todas las demás: hay que desvincular a los empleados que no cumplan las propiedades del *Liderazgo Ético*. Los EMPLEADOS MEDIOCRES, los mantienen porque hay JEFES MEDIOCRES. Se sabe que están y quiénes son, pero nadie hace nada. La empresa que da ejemplo manteniéndolos desmotiva al resto, y además promueve un mal ejemplo de comportamiento con todos los agentes de interés. ¿Qué tiene que hacer Recursos Humanos? Desvincular a los JEFES que no cumplan las propiedades del *Liderazgo Ético*, así de simple y así de fácil. Recuerda que no poner excusas es una de las características de la Ejemplaridad. No hay cambio posible si el Comité de Dirección y el Consejero Delegado no son *ejemplo* de estas propiedades.

Por otro lado, con la nueva misión y visión, Recursos Humanos no solo va a tener *poder*, sino, sobre todo, lo más importante, la *autoridad* para realizar el cambio de las propiedades de *Liderazgo Ético* en todos los empleados. Anticiparse a los cambios producidos por la automatización y el cambio climático, alineando toda la fuerza de trabajo, no solo es beneficioso para los empleados sino, sobre todo, para el resto de los agentes de interés, y en especial, para la empresa. La nueva misión de Recursos Humanos le va a otorgar la autoridad y valentía necesaria para los cambios. El diseño de normas y procedimientos puede dar poder, pero sin efecto Netflix.

La siguiente certeza es sobre la necesidad de simplificar y evolucionar las competencias. Evolucionar de la *capacidad analítica* a la *creatividad*. Las propiedades tradicionales para tener buen desempeño o éxito en una empresa se han desgastado. Y no por cambiarlas de nombre se van a convertir en hábitos entre todos los empleados. Para un mercado de trabajo impactado por la automatización y el cambio climático se necesitan las propiedades del *Liderazgo Ético*.

Para saber cuál es el *propósito* que impulsa la acción de cada empleado, Recursos Humanos necesita situarse en el horizonte de la ética. No en el *cómo* actúan, sino el *para qué* lo hacen, ese es el verdadero sentido de la ética. Aplicar las propiedades del *Liderazgo Ético* en todos los empleados significa alinear el *propósito*. Recursos Humanos se ha centrado en los empleados con una actitud paternalista, desde un punto de vista psicológico, y esto ha provocado no verlo en su interacción social, y, por otro lado, alejarse peligrosamente del negocio. Tiene que cambiar de rumbo. Solo así podrá aplicar las propiedades del *Liderazgo Ético* alineado con la estrategia de la empresa, en todos los empleados y garantizar la *Empleabilidad Sostenible*.

Y la última certeza que espero que haya quedado clara es que el mayor riesgo para el negocio es no ser capaz de atraer y hacer brillar al SUPERTALENTO, es decir, empleados que saben cambiar cuando el entorno es incierto, e impactan positivamente en todos los agentes de interés. Y estos son los que hacen verdaderamente crecer los negocios de forma exponencial y sostenible.

Repasemos por último qué fallos aparecen de forma recurrente en Recursos Humanos y sobre los que, con la nueva misión y visión, se deberían poder solucionar de forma rápida.

RESUMEN DE ERRORES HABITUALES FÁCILES DE CAMBIAR

No se revisan a fondo las descripciones de puestos. Es el primer paso para cambiar todo lo demás. Piensa antes de actuar. ¿Funciones y competencias para el presente o para el Futuro del Trabajo? Si se introduce la *rotación obligatoria*, ¿para qué sirven las descripciones de los puestos? Se podrá reenfocar el sentido de esta iniciativa, aplicando la propiedad de Anticipación y Pensamiento Crítico.

Las estrategias de atracción de talento se realizan, ¿pensado en el presente o en el Futuro del Trabajo? En general, se buscan perfiles especialistas para trabajar en unas funciones y en un departamento concreto. No se buscan polímatas, es decir, personas que combinan conocimientos de diferentes disciplinas de «letras y ciencias», para fomentar un Humanismo Digital, y que puedan trabajar en cualquier disciplina que sea la más demandada por el negocio (recordemos la formación de Alan Turing).

No siempre se buscan candidatos internos para la posición, para eso tendría que haber una *cantera* y cultura de *rotación obligatoria*, y en este sentido, la formación para el Futuro del Trabajo es clave. Por ejemplo, si sé que se van a necesitar posiciones STEM, anticiparse significa que la formación de todos los empleados debería dirigirse hacia esas áreas para que puedan tener *Empleabilidad Sostenible*, dentro o fuera de la empresa. Para eso sirven las propiedades del *Liderazgo Ético*.

Muchas veces se comete el error de contratar SUPERTALENTO más brillante, en muchas ocasiones, que algunos JEFES MEDIOCRES, para que ejecuten, no piensen, sigan las normas y procedimientos sin criticar. Piensa qué tipo de empleados necesitas para el negocio.

La estrategia de comunicación con los candidatos tiene déficit de Transparencia radical, la segunda propiedad del *Liderazgo Ético*. Se puede solucionar aplicando tecnología, pero sobre todo un cambio de mentalidad. ¿Por qué hay muchos procesos de selección que son confidenciales? ¿Por qué no se ha informado al empleado que va a ser sustituido? ¿Por qué no nos atrevemos a ser transparentes? ¿Con cuanta antelación se le tiene que comunicar a un empleado que va a ser despedido? ¿Es mejor saberlo de antemano? Piensa antes de responder.

Contratar a los que tienen experiencia en el mismo sector o en la posición ya no tiene sentido. En el mismo sector, porque alguien de otro sector siempre te va a proporcionar ideas diferentes y esa es la base de la Innovación Radical. Para hacer lo mismo, ya tienes a los empleados. Será clave que todo trabajador que se contrate tenga *capacidad de aprendizaje* y *ganas* de cambio constante. Los conocimientos que hemos adquirido en el pasado de poco nos van a valer para el futuro.

Respecto a las entrevistas personales, si sabemos que todos los candidatos responden lo mismo ante preguntas como «¿cuáles son sus áreas de mejora?, ¿por qué se siguen haciendo?»

En el área de formación, lo primero y más importante que se debe reflexionar es, ¿para qué sirve la formación? Algunas de las respuestas más habituales son: para incrementar la productividad, para que los empleados sean más competitivos, etc. A partir de las respuestas que se den hay que plantearse cómo han cambiado los hábitos de consumo de contenidos. Los empleados se han acostumbrado a obtener lo que quieren en el momento en el que lo necesitan, pudiendo acceder instantáneamente a toda la oferta de productos y servicios de cualquier parte del mundo, y a partir de ese momento, comparar y comprar. Son cada vez mucho más exigentes e impacientes, y quieren que se les responda en cada momento a su necesidad específica. Y no solo la generación *Millenial*, de la que se ha hablado tanto tiempo, y ahora parecen haber desaparecido por la pandemia. Esa es la experiencia como consumidor, ¿qué ocurre con la *Experiencia Empleado*? La formación no solo sirve para aprender más, sino para *transformarse*, es decir, para modificar la forma y *mudar* de costumbres. Autoaprendizaje, formación a la carta, cambio de canales y contenidos pero, sobre todo, hay que poner en cuestión el *propósito* y el *para qué* aprendemos. Se produce un cambio de los hábitos de consumo de contenidos y esto debería impactar de lleno en los «catálogos de formación» de Recursos Humanos.

Respecto al trabajo por objetivos, parte de dos hipótesis incorrectas: que «lo que siempre se ha hecho así funciona» y entornos de trabajo estables. Los objetivos se definen una o dos veces al año sobre la base de hipótesis de trabajo que se repiten en el tiempo o sobre hábitos de comportamiento del pasado, como, por ejemplo: el cliente compra más a principio de mes que a finales. Cuando el entorno cambia, los hábitos de consumo también. El trabajo por objetivos, al estar ligado casi siempre a una prima salarial, solo contempla el cumplimiento y la competitividad interna entre empleados, que no incentiva normalmente un comportamiento ético, primando la individualidad frente al trabajo colaborativo en equipo. Además, incita solo a centrarse en el corto plazo, y eso, como hemos visto, no es sostenible. Si *solo* se cumplen los objetivos, ¿cuándo hay tiempo para pararse a pensar, a innovar, o a arriesgar?

Por otro lado, se tienen que revisar las técnicas de motivación y, sobre todo, aplicar la propiedad de Liderazgo Ético de Personalización. ¿Son válidas las mismas recetas para los entornos de incertidumbre? «Tú puedes cambiar», «el poder está en ti», « tu actitud es lo más importante ». Muchas personas necesitan esos eslóganes motivadores (se debería ir más al psicólogo, en lugar de que Recursos Humanos o el JEFE actúen como psicólogos con los empleados), como recordatorios de lo que deberían ser y hacerse, pero estas frases no son capaces de transformar los hábitos de actuación. Para convertir un comportamiento en un hábito se necesita una de las propiedades del *Liderazgo Ético*: la Ejemplaridad. Ningún empleado va a ser arriesgado o a perder el miedo por una charla de motivación, lo va a hacer si un JEFE o Recursos Humanos incentiva un comportamiento en el que el error no esté penalizado. Si un jefe arriesga, *esparce* sus hábitos de comportamiento mediante el ejemplo, no necesita pláticas. Actúa con el *ejemplo*.

Recursos Humanos y las empresas se pasan la vida buscando el *compromiso* de los empleados. Normalmente, se asocia que hablar *bien* de la compañía es una muestra de empleado comprometido. Como vimos en el capítulo segundo, hablar con sinceridad es una de las mayores *Fake News*, y no solo bien, y debería ser un síntoma de empleado comprometido. La verdad no siempre coincide con lo bueno, recuerda el horizonte de la ética.

Seguramente, muchos de estos errores no se den en todas las empresas, ¿te atreves a hacer un *Debriefing*, aplicando la metodología *Sensei*?

NO HAY CONCLUSIONES. NADA PERMANECE, TODO CAMBIA, Y ADEMÁS, AHORA, LO HACE MUY DEPRISA

«Mis proposiciones esclarecen porque quien me entiende las reconoce al final como absurdas, cuando a través de ellas —sobre ellas— ha salido de ellas. (Tiene, por así decirlo, que arrojar la escalera después de haber subido por ella.) Tiene que superar estas proposiciones; entonces ve correctamente el mundo».
Ludwig Wittgenstein *Tractatus Logico-Philosophicus*

Antártida. A los científicos les preocupa que el enorme glaciar Thwaites, también conocido como el glaciar del Apocalipsis, pueda estar desacoplándose. Si esto sucede, el glaciar, que tiene el mismo tamaño que Inglaterra, comenzaría a deslizarse hacia el océano, y dejaría de servir como gigante muro de contención de otros glaciares, que entonces, también podrían comenzar a moverse y a derretirse, y todo esto podría provocar un incremento de dos a tres metros del nivel del mar. Es un condicional con un impacto tan grande para el ser humano que se hace necesario, al menos, prepararse para esa posibilidad.

Puede que este acontecimiento suceda o no, pero anticiparse a lo que pueda pasar y tener planes de acción en los diferentes escenarios es parte de las propiedades del *Liderazgo Ético* que hemos visto a lo largo de todo el libro. ¿Tendrían que estar pensando todos los sectores, y en especial turismo, industria o servicios, como impactaría la subida del nivel del mar en sus negocios y en todos sus empleados?

Ya hace tiempo que Recursos Humanos se encuentran en una nueva fase de la evolución, una fase de Humanismo Digital, en la que es necesario ir más allá de la tecnología y centrarse en la modificación de las propiedades del *Liderazgo Ético*, para implantarlo en la empresa. La cultura, los valores, la misión y visión contienen grandes ideales que es difícil cumplirlos a la vez con todos los agentes de interés, pero sobre todo porque no se aplican las propiedades del *Liderazgo Ético* a todos los empleados. La integridad, la excelencia, la innovación, el compromiso están definidos, pero no son hábitos de actuación. Y todos los intentos de implementar teorías de liderazgo serán estériles hasta que los empleados no lo muestren con su comportamiento. Y esto supone dar el salto de la psicología, el comportamiento individual, a la ética, la interacción social.

Este manual de futuro para el presente de Recursos Humanos no tiene final, solo un punto de partida para empezar a pensar. ¿Son necesarios los departamentos de Recursos Humanos? Espero que después de la lectura de este libro, hayas podido encontrar una respuesta.

Ahora que ya conoces las propiedades del *Liderazgo Ético*, ¿te atreves a ser como Netflix?

Este libro se terminó de imprimir en su primera edición, por encargo de la editorial Almuzara el 3 de septiembre de 2021. Tal día del 1791 en Francia se proclama la primera Constitución escrita de su historia.